CURSO PRÁCTICO DE PHP HTML MYSQL

©2021 Andrea Mauro Raimondi

AREdit.com
Todos los derechos reservados
Sin reproducción, incluso parcial.
Para contactos y solicitudes info@aredit.com

`<!-- Curso práctico PHP HTML MySQL -->`

CURSO PRÁCTICO DE PHP HTML MYSQL

©2021 Andrea Mauro Raimondi

AREdit.com
Todos los derechos reservados
Sin reproducción, incluso parcial.
Para contactos y solicitudes info@aredit.com

=== Andrea Mauro Raimondi ===

A Filippo y Massimiliano

La programación es una técnica.
Saber escribir aplicaciones,
pensar en ellos
Encontrar soluciones
es un arte.

<!-- Curso práctico PHP HTML MySQL -->

ÍNDICE

INTRODUCCION 7
PARTE I - PROYECTO INICIAL 11
LO QUE NECESITAMOS 12
CÓMO CONSTRUIR UNA APLICACIÓN WEB
LA TEORÍA 13
LA PRÁCTICA 15
EN PROFUNDIDAD - GESTIÓN DEL COLOR 26
MÁS INFORMACIÓN - EL ATRIBUTO DE ESTILO 27
EN PROFUNDIDAD - IMÁGENES 28
MÁS INFORMACIÓN - LOS ENLACES 29
MÁS INFORMACIÓN - LAS LISTAS 30
MÁS INFORMACIÓN - CSS 31
CREANDO LA BASE DE DATOS MYSQL 35
TIPOS DE DATOS MYSQL: LOS NÚMEROS 42
TIPOS DE DATOS MYSQL: FECHAS Y HORA 44
TIPOS DE DATOS MYSQL: CADENAS 45
ÍNDICES MYSQL 48
CREACIÓN DEL ÁREA DE BACK OFFICE 49
MÁS INFORMACIÓN - FORMULARIO HTML 55
EN PROFUNDIDAD - LOS ATRIBUTOS DE <INPUT> 64
GESTIÓN DE LOGIN 67
GESTIÓN DE CATEGORÍAS 83
GESTIÓN DE PRODUCTOS 101
GESTIÓN DE USUARIOS 113
PROCEDIMIENTO LOGOUT 122
ÁREA PÚBLICA: SITIO WEB 124

<!-- Curso práctico PHP HTML MySQL -->

PARTE II - REUTILIZACIÓN DEL CÓDIGO PHP 133
NUEVOS GRÁFICOS PARA ÁREA PÚBLICA 137
ACTUALIZACIÓN DEL ÁREA DE BACK OFFICE 155

APÉNDICE 1 - TUTORIAL PHP y SQL 171
COMENTARIOS EN PHP 173
VARIABLES 175
TIPOS DE DATOS PHP 180
PRINCIPALES FUNCIONES PARA STRINGS 182
PHP Y LOS NÚMEROS 182
OPERADORES PHP 183
INSTRUCCIONES CONDICIONALES 187
CICLOS EN PHP 190
FUNCIONES EN PHP 195
ARREGLO 198
VARIABLES GLOBALES 204
FUNCIONES DIVERSAS DE PHP 207
GESTIÓN DE ARCHIVOS 208
SQL - COMANDOS ÚTILES 211
CONDICIONES DE BÚSQUEDA 213
FUNCIONES DE AGREGACIÓN Y CÁLCULO 214
JOIN 215

INSTALAR EL SERVIDOR WEB 217

REFERENCIAS ÚTILES 219
OTROS RECURSOS ÚTILES 220

=== Andrea Mauro Raimondi ===

INTRODUCCION

Aprender a programar puede tener lugar de muchas maneras que podemos insertar en dos vertientes principales: aprender la gramática y la sintaxis de un idioma académicamente o **aprender haciendo**, trabajando directamente en un proyecto concreto.
Ciertamente, en un momento dado los dos caminos se encuentran: es natural profundizar cada vez más el lenguaje que se usa a medida que se trabaja con él.
Este libro está destinado a ser este momento: trabajar directamente en un proyecto completo, ciertamente simple, ya que la intención es volverse hacia los novatos, intentaré centrarme en los aspectos fundamentales a comprender para volverme totalmente autónomo y trabajar en otros proyectos, que se volverán cada vez más complejos. Son los desafíos ganados, el esfuerzo por encontrar la solución a un problema, los que hacen avanzar el conocimiento y los que empujan al programador a querer y tener que profundizar la teoría de la programación.
Inmediatamente trabajaremos en la construcción de un catálogo online, que nos permitirá abordar tanto los problemas relacionados con el diseño y construcción del área reservada, el *back office*, en el que se mostrarán los contenidos que serán expuestos por el público, como el sitio web, o en la aplicación web.
Mi encuentro con la programación web se remonta a finales de la década de 1990. En ese momento, la mayoría de los sitios web, sitios de "exhibición", se construían casi exclusivamente con HTML. Páginas y páginas de archivos .html, páginas y páginas

<!-- Curso práctico PHP HTML MySQL -->

html de fichas de productos. Cada modificación, incluso de una coma a insertar en el encabezado de las páginas, tenía que ser reproducida, repetida para todas las fichas de producto. Docenas de veces. Este fue mi primer trabajo: el accatiemmelista. Ya existían editores visuales como FrontPage o Dreamweaver (¿quién los recuerda?), Pero yo trabajaba para un señor extraño, portador de una filosofía zen en la programación web: ir al meollo de las cosas, al núcleo esencial. Trabajó directamente en file de texto, con editores de texto. En esa empresa se usó "Arachnophilia", todavía existe y la recomiendo también. En ese momento trabajamos con Window95. Después de un tiempo, me enamoré de los sistemas operativos de código abierto, Linux y BSD. Las versiones actuales de Linux han crecido enormemente y se han extendido y no son comparables a la escuela de programación que eran hace veinte años. A partir de ese mundo, el *servidor web* se ha convertido en el más extendido del mundo, Apache, y el lenguaje PHP, nacido de la web, para la web. Para nosotros, en esa pequeña empresa de Milán, siempre buscando reducir costes, fue una bendición. Después de las primeras aplicaciones "dinámicas", como dijimos en ese momento, utilizando el lenguaje ASP de Microsoft, el lenguaje a través del cual aprendí los conceptos básicos de la creación de aplicaciones web, y MS Access como base de datos, adoptamos PHP y el servidor de base de datos, MySQL. En ese momento, la web era una tierra de sangrientas batallas entre navegadores, entre MSInternetExplorer y Netscape Navigator, entre imágenes jpg y gif, con el menor tamaño posible: viajábamos a 56k, si todo iba bien. Había módems y su típico sonido de intercambio de datos conectados. Y ya estábamos mil veces por delante del BBS textual.

A lo largo de mi carrera me he enfrentado y construido muchos proyectos, desde los más banales, como los sitios de escaparate, hasta los más complejos, como los sistemas de gestión completos partiendo de cero. Mucho se personalizó según las solicitudes del cliente. Hoy, donde todo parece que ya existe, que todo ya está construido, donde hay aplicaciones web que lo contienen todo, pero que en realidad se usan solo por una fracción de su potencial, parece que buscamos más simplicidad, vamos volver a buscar lo que realmente necesitamos en un negocio. También por eso creo que es útil para entender las bases y mecanismos de una aplicación web y crear un software que realmente sirva, que resuelva las necesidades y problemas reales de un cliente o de un negocio.

Programar significa crear, es obra de antiguos artesanos, y crear aplicaciones web te da la misma satisfacción que crear un objeto que luego será útil para alguien. Aprenderemos haciendo y profundizaremos haciendo.

`<!-- Curso práctico PHP HTML MySQL -->`

PARTE I.
Proyecto inicial

<!-- Curso práctico PHP HTML MySQL -->

Qué necesitamos

Una aplicación web basada en PHP necesita dos elementos para existir: un servidor web que procesa páginas php y una base de datos que mantiene los datos a lo largo del tiempo. Por su naturaleza, una página web no mantiene el estado, es decir, no almacena datos. Con el desarrollo de navegadores y capacidades de disco y memoria, esto se ha superado parcialmente.

Entonces necesitamos un servidor web capaz de manejar php.

Puede descargar e instalar el programa de servidor web como *Apache* en su computadora. En Internet encontrará las últimas versiones y detalles de instalación. Y para nuestros propósitos usaremos el servidor de base de datos *MySQL* para almacenar los datos. Puede descargarlo e instalarlo en versiones de *Windows* y *Linux*.

Usaremos un programa de texto para escribir el código. Yo uso a *Kate*. Cualquier otro editor está bien.

Recuerde siempre que el resultado final de nuestras páginas php viene dado por una página HTML.

El servidor web devuelve una página HTML.

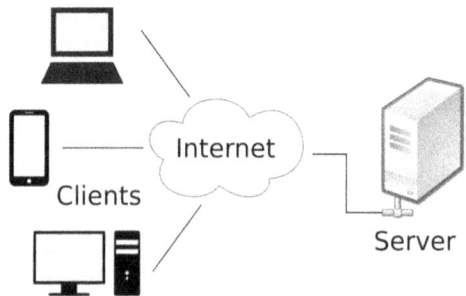

=== Andrea Mauro Raimondi ===

Cómo crear una aplicación web
La teoria

Una aplicación web o una aplicación basada en web es un software que esencialmente vive a través de un servidor web y una interacción cliente / servidor que hemos visto antes.

Tiene que tener un propósito, es decir, tiene que hacer algo. Puede ser un sitio de exhibición simple para ver un catálogo de productos, un sitio para administrar el contenido de texto e imágenes, puede ser un software de administración que, por ejemplo, realiza un seguimiento de las mercancías en el almacén, produce documentos, realiza análisis e informes. En todos los casos, tenemos diferentes niveles de interacción con la aplicación, en función de cómo se procesan los datos: quién solo puede verlos, quién puede procesarlos, insertarlos, modificarlos, eliminarlos. Además, es posible que solo se pueda acceder a algunas áreas del software con ciertos niveles de autorización.

Por tanto, es necesario comprender cuál es la finalidad del proyecto y cuáles son los datos a tratar, cuál es su flujo, es decir, cómo deben moverse, qué deben hacer; quién tendrá que gestionar estos datos, es decir, cuántos niveles de autorización tendremos; cómo se manejarán los datos, es decir, quién puede hacer qué con los datos. La fase de análisis es la fase más importante de todo el proyecto.

Luego construyendo la base de datos, construyendo las carpetas en el servidor, creando el código php / html basado en la base de datos y el flujo de datos.

<!-- Curso práctico PHP HTML MySQL -->

En nuestro proyecto el cliente es una tienda de objetos usados que quiere poner su catálogo online. Tras la comparación con el cliente comprendimos que los datos a gestionar son fundamentalmente de dos tipos: las categorías de objetos y los distintos objetos en sí. Luego entramos en los detalles de cada tipo de datos. Para las categorías basta con indicar el nombre de la propia categoría: tocadiscos, discos, casetes, CD, etc. Para los objetos indicaremos en nuestro ejemplo, el título, la imagen, la descripción y el costo.

Para que quienes inserten los datos sean autónomos, construiremos un área de back office en la que se ingresarán, modificarán y eliminarán los datos.

Necesitaremos, por tanto, la gestión de los operadores que trabajarán con los datos y que accederán al área de back office, reservada, mediante un usuario y contraseña: el login.

La parte "pública" de la aplicación mostrará los objetos divididos por categoría y posiblemente algunas páginas de presentación de la empresa cliente.

Práctica

En las siguientes direcciones web puede ver el resultado final de lo que construiremos en la primera parte de este libro.
http://www.aredit.com/public/PHPcourse/catalog/public/
http://www.aredit.com/public/PHPcourse/catalog/admin/
Estas sencillas páginas nos servirán para introducir los principales conceptos para la construcción de una aplicación web y los distintos lenguajes utilizados, HTML y PHP.

En la segunda parte veremos cómo actualizar los gráficos del sitio, y cómo aparecerán diferentes los mismos datos, modificando el html del sitio, utilizando una plantilla HTML gratuita.

Comencemos por ver cómo se ve la página de inicio de nuestro proyecto.

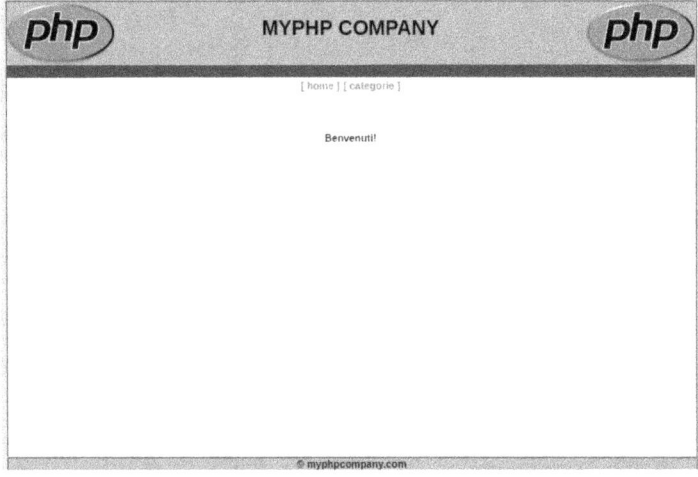

<!-- Curso práctico PHP HTML MySQL -->

Veamos qué produjo ese resultado en el navegador: un archivo html, obtenido del procesamiento de archivos php por parte del servidor web. Aquí está el código de *home page* de la zona pública de nuestro catálogo de productos de la que hemos visto la imagen antes.

```
<!doctype html public "-//w3c//dtd html 4.01 transitional//en" 
     "http://www.w3.org/tr/html4/loose.dtd">
<html>
<head>
<title>...::: MY COMPANY - Catalogo prodotti :::...</title>
<meta http-equiv="Content-type" content="text/html; charset=iso-8859-1">
<meta name="author" content="Andrea Raimondi – info—AT--aredit.com">
<meta name="editor" content="Andrea Raimondi">
<meta name="robots" content="noindex">
<link rel="shortcut icon" href="../img/favicon.ico" />
<link rel=StyleSheet href="../css/73160000.css" type="text/css" media=screen>
<style type="text/css">
a:link { color: #ff0000; }
a:active { color: #FFCC00; }
a:visited { color: #FF0000; }
</style>
</head>
<body>
<center>
<table border=1 cellpadding=0 cellspacing=0 bgcolor="#ffffff">
<tr>
<td>
<table cellspacing=0 cellpadding=0 border=0 width="760" bgcolor="#9999cc">
    <tr>
       <td valign=top><img src="../img/php.gif" border=0 align=absmiddle></td>
       <td valign=top align=center><h1>MYPHP COMPANY</h1></td>
```

=== Andrea Mauro Raimondi ===

```
    <td valign=top align=right><img src="../img/php.gif" border=0 align=absmiddle></td>
    </tr>
<tr bgcolor="#333366"><td colspan="3" height=10> </td></tr>
</table>
<table cellspacing=0 cellpadding=0 border=0 width="100%">
<tr>
<td valign=top align=center height=400>
<table>
<tr>
<td><a href="./">[ home ]</a></td>
<td><a href="categorie.php">[ categorie ]</a></td>
</tr>
</table>
<br><br><br>Benvenuti!
</td>
</tr>
</table>
</td><!-- tabella principale -->
</tr>
<tr>
<td valign=bottom>
<table cellspacing=0 cellpadding=0 border=0 width="100%" bgcolor="#9999cc">
    <tr>
    <td align=center colspan=3>&copy; aredit.com</td>
    </tr>
</table>
</td>
</tr>
</table>
</center>
</body>
</html>
```

<!-- Curso práctico PHP HTML MySQL -->

Cada **TAG (etiqueta)** HTML se compone de una etiqueta de apertura y una de cierre: tomemos la etiqueta <a> que define un enlace: se ve así <a href="http://www.aredit.com"> Texto en el que se puede hacer clic </ a >
el TAG es <**a**> que significa anchor; **href** es un atributo de la etiqueta <**a**>; el texto dentro de las etiquetas de apertura y cierre se ve afectado por el comportamiento de la propia etiqueta. En este caso el texto, al pasar el mouse, resaltará el hecho de que representa un enlace a otra página web. El atributo *href* determina a qué página se accederá una vez que se haga clic en el texto. Hay excepciones a la existencia de etiquetas de cierre, como las etiquetas <**meta**>. En cualquier caso, recuerde que normalmente una etiqueta tiene su contraparte de cierre.

Quizás ahora sea evidente cómo se construye un TAG html: uno o más caracteres encerrados entre el símbolo <y el símbolo>. La etiqueta de cierre se representa insertando una barra / entre los símbolos <>.

Si una TAG tiene más de un atributo, estos se insertan uno tras otro. Tomemos como ejemplo la etiqueta de tabla que se encuentra en el código de la página de inicio.

<table cellspacing="0" cellpadding="0" border=0 width="100%" bgcolor="# 9999cc">

Ves 5 atributos. La sintaxis es la siguiente: nombre_atributo="valor". Es decir, después del nombre del atributo, su valor (que es variable según las necesidades) se coloca entre comillas dobles. En el caso de la etiqueta de tabla, los atributos que ve determinan cómo se mostrará en la pantalla, su ancho (width), el color de

fondo (bgcolor), si se va a mostrar un borde (border), el espacio entre sus celdas (cellspacing) y el espacio dentro de sus celdas (cellpadding).
Los **colores** en html están en formato hexadecimal RGB (Red,Green, Blu), una notación para la cual cada color viene dado por la gradación de rojo, verde y azul. Cada color viene dado por un par de valores. Los valores van desde 00, ausencia del color base, hasta FF, a todo color. Entonces, si quisiera indicar el color rojo en el grado máximo, escribiría #ff0000. Si quisiera un gris, escribiría #cccccc;

Primero veamos la estructura genérica de una página html y luego analicemos lo que vemos en nuestra *home page*.
Cada página HTML comienza con la declaración del tipo de documento.
<!doctype html public "-//w3c//dtd html 4.01 transitional//en" "http://www.w3.org/tr/html4/loose.dtd">
o
<!DOCTYPE html>
En el que se hace entender al navegador que debe tratar el documento que llega del servidor como html. Tiene una serie de atributos como el estándar de referencia, de hecho el html es un subconjunto de un documento XML con las especificaciones que lo definen.
Cada archivo html debe tener una etiqueta <html> </html>.
En el interior, se insertan las etiquetas <head> </head> y <body> </body>; generando la siguiente estructura:
<html>
<head></head>

<!-- Curso práctico PHP HTML MySQL -->

```
<body>
</body>
</html>
```

En la etiqueta <head> se inserta información genérica sobre el archivo, como el título, a través de la etiqueta <title> </title>, las metaetiquetas y cualquier comando css y funciones javascript, que son válidas para todo el documento. Veremos más adelante para qué se utilizan CSS y JavaScript.

De nuestro ejemplo, siempre entre las etiquetas <head> </head> encontramos

`<link rel=StyleSheet href="../css/73160000.css" type="text/css" media=screen>`

inclusión de un archivo CSS externo.

`<meta http-equiv="Content-type" content="text/html; charset=iso-8859-1">`
`<meta name="author" content="Andrea Raimondi - info--AT--alchemist.it">`

Metaetiquetas que definen respectivamente el conjunto de caracteres que utilizará el navegador y el autor de la página html.

Las etiquetas <body> y </body> contienen la página real que se mostrará en el navegador. Es decir, contiene otras etiquetas que servirán para colocar texto e imágenes en la ventana del navegador.

Por ejemplo, dentro de las etiquetas <body> están las etiquetas <a> que vimos anteriormente.

Se dice que las etiquetas están **anidadas** cuando una etiqueta como la etiqueta <body> contiene otras etiquetas.

En nuestra *Home page* encontramos la etiqueta <img>
`<img src="../img/php.gif" border=0 align=absmiddle>`

Con esta etiqueta, las imágenes se insertan en una página web. El atributo principal es **src** que le dice al servidor dónde encontrar la imagen, es decir, la ruta dentro de las carpetas que componen el sitio donde hemos guardado la imagen. La ruta puede ser *absoluta*, cuando se indica una URL web, generalmente ubicada fuera de nuestro sitio; o "*relativo*" cuando se refiere a una carpeta que el servidor buscará a partir de la página html que la contiene. En este caso, la imagen está ubicada en la carpeta que llamamos "*img*" ubicada fuera de la carpeta donde se encuentra el archivo index.php que representa nuestra *home page*.

En nuestra aplicación planeamos utilizar las siguientes carpetas: *admin, public, css* e *img*. La carpeta *admin* contendrá todos los archivos que componen el área de back office. La carpeta *public* contendrá los archivos reales del sitio. La carpeta *img* las imágenes que usaremos y la carpeta *css* los archivos css que estudiaremos más adelante. Claramente, cada carpeta puede contener todas las carpetas que eventualmente necesitemos.

Continuemos con el análisis del archivo index.php que representa nuestra *home* público.

Otra etiqueta clave para crear una página web es la etiqueta <a>. Se puede hacer clic en el texto o la imagen incluidos entre su apertura y la etiqueta de cierre </a>. El atributo principal de <a> es **href**, que indica la página a la que se accede una vez que se hace clic en el enlace. Otro atributo que se utiliza a menudo es **target**, que le dice al navegador dónde abrir la página a la que llama el enlace. Puede ser una nueva ventana del navegador (o una nueva pestaña) si su valor es "**_blank**". <a href="categories.php">

<!-- Curso práctico PHP HTML MySQL -->

[categorías] </a>. En este ejemplo, al hacer clic en "*categorías*" se abrirá la página *categorie.php*. Sin haber especificado un target, el enlace se abrirá en la ventana principal del navegador.
La etiqueta que más se usa en nuestro sitio de muestra es la *etiqueta de tabla*. Crea una tabla, que consta de al menos una fila y una columna. La tabla contiene necesariamente las etiquetas **<tr>**, que definen una fila y la etiqueta **<td>**, que define una columna y su contenido. Cada una de las etiquetas que componen una tabla tiene atributos. En el hogar tenemos una tabla que define y contiene el encabezado del sitio.

```
<table   cellspacing=0   cellpadding=0   border=0   width="760"
bgcolor="#9999cc">
    <tr>
    <td valign=top><img src="../img/php.gif" border=0
align=absmiddle></td>
    <td valign=top align=center><h1>MYPHP COMPANY</h1></td>
    <td valign=top align=right><img src="../img/php.gif" border=0
align=absmiddle></td>
    </tr>
<tr bgcolor="#333366"><td colspan="3" height=10> </td></tr>
</table>
```

Anteriormente describimos los atributos de <table>, que también pueden ser de <tr> y <td>.
Si miramos el html *index.php* notamos que la estructura de la página incluye una tabla principal que consta de dos filas (dos <tr>) cada una de las cuales contiene una columna, una <td>. Dentro de <td> se anidan otras tablas, otras etiquetas <table>.
El uso de la etiqueta <table> para la estructura de las páginas web se utilizó principalmente hace unos años porque permitía un posi-

cionamiento relativamente preciso de un elemento en una página web. Con el desarrollo de los navegadores y la velocidad de las líneas de datos y el desarrollo de Internet para dispositivos móviles, las posibilidades para los desarrolladores web se han incrementado y, en consecuencia, los tipos de etiquetas disponibles se han incrementado. De hecho, hay muchas innovaciones introducidas con la versión 5 del lenguaje html. Para hacer que una página se muestre de la manera más optimizada para la diversidad de dispositivos actualmente en uso, se utilizan las últimas versiones de bibliotecas css y javascript, como JQuery. De hecho, la llamada web 2.0 no es más que la integración entre html, css y javascript, optimizada para mejorar la experiencia del usuario del mismo sitio en diferentes dispositivos, y la construcción de la estructura de la página ha sufrido muchos cambios en consecuencia. Veremos esta evolución con más detalle en la segunda parte.

Para comprender hoy, es necesario tener bases sólidas en cualquier caso.

Encontramos, nuevamente en el archivo *index.php*, otras tres etiquetas, que son ampliamente utilizadas: la etiqueta *<h1> </h1>*, la etiqueta *
* y la etiqueta * *. Este último permite centrar todo lo que contiene con respecto al espacio disponible. La etiqueta <br> representa un salto de línea: todo lo que le sigue será colocado por el navegador en una nueva línea, es decir, debajo del contenido que le precede. La etiqueta <h1> representa una forma de formatear el texto. Representa el encabezado o encabezado o título o subtítulo de un bloque de texto o un párrafo y el texto adjunto se resalta, aumentando el tamaño de

<!-- Curso práctico PHP HTML MySQL -->

fuente en comparación con el tamaño de página "normal". Se modifica mediante comandos apropiados con hojas de estilo, css.
Otras etiquetas de título son <h2> </h2> <h3> </h3> hasta llegar a <h6> </h6>, donde el texto está resaltado pero de una forma menos metta que <h1>.
La etiqueta que crea un párrafo es <p> </p>
Otras etiquetas que se utilizan comúnmente **para formatear texto** son:

<b> </b>: Texto en negrita
<strong> </strong> - Texto importante
<i> </i>: Texto en cursiva
<em> </em>: Texto enfatizado
<mark> </mark>: Texto marcado
<small> </small>: Texto más pequeño
<del> </del>: Texto eliminado
<ins> </ins>: Texto insertado
: Texto en subíndice
: Texto en superíndice

```
<!DOCTYPE html>
<html>
<body>
<p><b>1. This text is bold</b></p>
<p><i>2. This text is italic</i></p>
<p>3. This is<sub> subscript</sub> and <sup>superscript</sup></p>
<small>4. This is some smaller text.</small>
<p>5. Do not forget to buy <mark>milk</mark> today.</p>
<p>6. My favorite color is <del>blue</del> red.</p>
<p>7. My favorite color is <del>blue</del> <ins>red</ins>.</p>
</body>
</html>
```

1. **This text is bold**
2. *This text is italic*
3. This is $_{subscript}$ and ^{superscript}
4. This is some smaller text.
5. Do not forget to buy milk today.
6. My favorite color is ~~blue~~ red.
7. My favorite color is ~~blue~~ red.

También hay algunas etiquetas para insertar citas en el texto:
<abbr> Define una abreviatura o un acrónimo
<dirección> Define la información de contacto del autor / propietario de un documento
<bdo> Define la dirección del texto
<blockquote> Define una sección que se cita de otra fuente
<cite> Define el título de una obra
<q> Define una cotización en línea corta, inserta cotizaciones
Todos tienen su propia etiqueta de cierre.

Otro elemento fundamental a conocer se refiere a la forma en que se insertan **los comentarios** en una página html. Lo ve en el archivo *index.php*: <! - tabla principal ->

Como se puede adivinar, el texto que actúa como comentario se incluye entre <! - y ->. Y el navegador no lo muestra en la página web. Solo se ven si miramos directamente a la fuente de la página desde el navegador.

<!-- Curso práctico PHP HTML MySQL -->

Profundización. Manejo del color.

Los colores HTML se especifican con nombres de colores predefinidos o con valores RGB, HEX, HSL, RGBA o HSLA
A continuación se muestra un ejemplo con el nombre del color:
<h1 bgcolor = "green"> Verde </h1>
<h1 style = "background-color: orange;"> Naranja </h1>
O a través del código RGB relativo
<h1 style = "background-color: # ff6347;"> ... </h1>
<h1 bgcolor = "#00FF00> Verde </h1>
<h1 bgcolor = "#FFA500> Naranja </h1>
Como hemos visto, con el atributo bgcolor podemos establecer el color de fondo de un elemento html:
<p bgcolor = "#ff0000"> </p>.
O el color del texto: <p style = "color: Blue;"> Texto azul </p>
O el color del borde:
<h1 style = "border: 2px solid Violet;"> h1 con borde morado de 2 píxeles </h1>

Profundización. El atributo *style*

El atributo de estilo HTML *style* se utiliza para agregar estilos a un elemento.

Los estilos principales se aplican al color de fondo de un elemento.

\<p style="background-color: tomato;"\>Este es un párrafo.\</p\>

Al color del texto con el atributo **color**:

\<p style="color:red;"\>El texto del párrafo es roj \</p\>

Se utiliza para cambiar el tipo de fuente utilizada, ***font-family***:

\<p style="font-family: courier;"\>Este es un párrafo.\</p\>

El tamaño del texto con ***font-size***:

\<p style="font-size: 160%;"\>Este es un párrafo.\</p\>

La alineación del texto con ***text-align***

\<p style="text-align: center;"\>Párrafo centrado.\</p\>

Todos provienen de comandos **CSS**, que veremos más adelante.

```
<!DOCTYPE html>
<html>
<body style="background-color:lightgreen;">
<h1 style="text-align:center;">Titolo centrato</h1>
<p>Testo normale</p>
<p style="color:red;">Testo rosso</p>
<p style="color:blue;">Testo blue</p>
<p style="font-family:courier;font-size:120%;"><b>Paragrafo scritto courier</b></p>
<p style="font-size:50px;">Testo grande</p>
<h1 style="background-color:powderblue;">Titolo con sfondo</h1>

</body>
</html>
```

Titolo centrato

Testo normale

Testo rosso

Testo blue

Paragrafo scritto courier

Testo grande

Titolo con sfondo

Profundización. Imágenes

Las imágenes se incrustan en una página html mediante la etiqueta **<img>**. Esta etiqueta no tiene etiqueta de cierre.

<img src="img_chania.jpg" alt="Flores" width="460" height="345">

Tiene dos atributos obligatorios *src* y *alt*. El primero le dice al navegador dónde se encuentra la imagen que se mostrará en el servidor o en Internet. El atributo *alt* indica el texto descriptivo de la imagen y aparece si no se muestra la imagen.

Otros atributos útiles son el **width** y **height**, que indican el tamaño de píxel de la imagen. También podemos usar *style*

<img src="img_girl.jpg" alt="Girl in a jacket" **style**="width:500px;height:600px;">

A continuación se muestra la inserción de una imagen tomada de un sitio web, en este caso el atributo *src* debe tener la **ruta absoluta**.

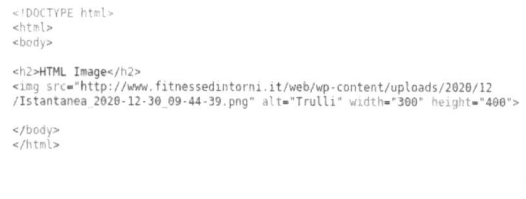

Profundización. Los enlaces

La creación de enlaces, hipervínculos a otra página web se realiza con la etiqueta <a> </a>.
Puede contener tanto texto como imágenes.
Los enlaces también se pueden hacer a través de la etiqueta <button>. Aquí hay un ejemplo
<button onclick="document.location='default.asp'">Tutorial HTML </button>
Ya hemos visto los atributos **href** y **target** de <a>.
Con el siguiente comando podemos decirle al navegador que abra el programa de correo predeterminado para enviar un correo electrónico:
<a href="**mailto**:test@example.com">Enviar correo electrónico </a>
Otro atributo útil de <a> es **title** que nos permite brindar información adicional con respecto al enlace, el texto del título aparece encima del mouse cuando se detiene en el enlace, como en el siguiente ejemplo:

<!-- Curso práctico PHP HTML MySQL -->

Profundización. Las listas
HTML tiene la capacidad de crear listas ordenadas numéricamente y desordenadas.

```
<!DOCTYPE html>
<html>
<body>

<h2>An Unordered HTML List</h2>

<ul>
  <li>Book</li>
  <li>Pen</li>
  <li>Table</li>
</ul>

<h2>An Ordered HTML List</h2>

<ol>
  <li>Book</li>
  <li>Pen</li>
  <li>Table</li>
</ol>

</body>
</html>
```

An Unordered HTML List
- Book
- Pen
- Table

An Ordered HTML List
1. Book
2. Pen
3. Table

Como puede ver, la etiqueta que define una lista ordenada es **<ol> </ol>**, cada elemento de la lista debe incluirse en la etiqueta **<li> </li>**.

La etiqueta para la lista desordenada es **<ul> </ul>**, nuevamente los elementos deben estar encerrados en la etiqueta **<li> </li>**.

Profundización. CSS

En este punto hemos visto las principales etiquetas html, aún nos falta ver las etiquetas para la construcción de los formularios, elemento fundamental de cualquier aplicación web porque permiten la interacción con el usuario y la manipulación de datos. Los veremos cuando construyamos el área de *back office* para nuestro proyecto.

Echemos un vistazo más de cerca a CSS, que permite la modificación de algunas características de las etiquetas de formato.

CSS son las siglas de *Cascading Style Sheets*.

Con CSS puede controlar el diseño de varias páginas web al mismo tiempo, administrando el color, la fuente, el tamaño del texto, el espaciado entre elementos, la forma en que se colocan y organizan los elementos, como las imágenes de fondo o los colores de fondo utilizado, también podemos utilizar diferentes diseños para diferentes dispositivos y tamaños de pantalla.

La palabra cascada significa que un estilo aplicado a un elemento principal también se aplicará a todos los elementos secundarios dentro del elemento principal. Entonces, si establece el color del texto de **<body>** en "azul", todos los encabezados, párrafos y otros elementos de texto dentro de <body> también tendrán el mismo color, a menos que aplique un color diferente a un elemento dado.

CSS se puede agregar a documentos HTML de 3 formas:
Inline: uso del atributo de estilo dentro de elementos HTML
Interno: usando un elemento *<style>* en la sección <head>

<!-- Curso práctico PHP HTML MySQL -->

Externo: uso de un elemento **<link>** para vincular a un archivo CSS externo

La forma más común de agregar CSS es mantener los estilos en archivos CSS externos.

Ejemplo de CSS en línea, es decir, aplicado directamente a una etiqueta

`<p style="color:red;">Un párrafo rojo.</p>`

Ejemplo de CSS interno:

```
<!DOCTYPE html>
<html>
<head>
<style>
body {background-color: #cccccc;}
h1   {color: blue;}
p    {color: red;}
</style>
</head>
<body>

<h1>This is a heading</h1>
<p>This is a paragraph.</p>

</body>
</html>
```

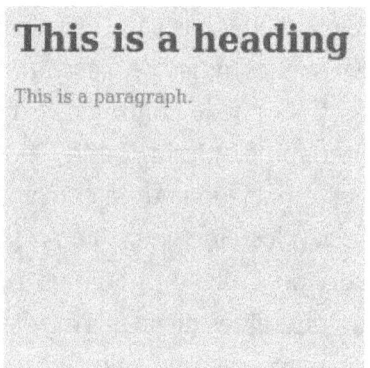

Ejemplo de CSS externo:

```
<!DOCTYPE html>
<html>
<head>
  <link rel="stylesheet" href="styles.css">
</head>
<body>

<h1>This is a heading</h1>
<p>This is a paragraph.</p>

</body>
</html>
```

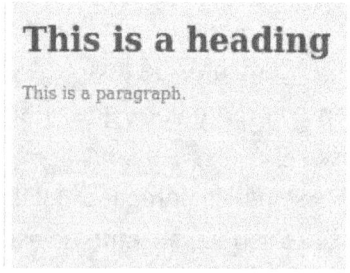

el archivo *style.css* ubicado en la misma carpeta que el archivo html que ve contiene el siguiente texto:
```
body {
background-color: powderblue;
font-family: verdana;
}
h1 {
color: blue;
font-size: 300%
}
p {
color: red;
border: 2px solid grey;
margin: 50px;
}
```
Con CSS externo puedes cambiar la apariencia de muchas páginas al mismo tiempo cambiando el contenido de un solo archivo **.css**: todas las páginas que lo incluyan a través de **<link>** se verán afectadas por su formato. En el archivo .css que estamos viendo, todas las etiquetas de tipo <body> <h1> <p> se ven afectadas directamente.

Mediante el uso de clases mediante el atributo **class**, que puede ser utilizado por todas las etiquetas, es posible formatear cada etiqueta individual de una forma diferente, es decir, tendremos etiquetas **<p>** que se comportan de una forma y otras que se comportará de una manera diferente.

<!-- Curso práctico PHP HTML MySQL -->

```html
<!DOCTYPE html>
<html>
<head>
<style>
.note {
    font-size: 170%;
    color: red;
}
</style>
</head>
<body>

<h1>My <span class="note">Important</span> Heading</h1>
<p>This is some <span class="note">important</span> text.</p>

</body>
</html>
```

My Important Heading

This is some important text.

CREACIÓN DE LA BASE DE DATOS MYSQL

Se decidió utilizar MySQL como base de datos, una de las más utilizadas para aplicaciones web. MySQL es un servidor de base de datos relacional. No es nuestro propósito ilustrar en detalle las características de MySQL, inicialmente mencionaremos la teoría de las bases de datos relacionales.
Las bases de datos relacionales son sistemas para almacenar y acceder a información compleja. Las principales bases de datos utilizan **Structured Query Language** (SQL), MySQL también utiliza la sintaxis SQL para sus interacciones.
Son *relacionales* porque relacionan las tablas entre sí a través de los valores de algunos campos. Se sigue el principio de *estandarización* en la creación de las tablas. Hay tres "*formas de normalización*" principales. Basado en la *primera forma normal*, los datos deben estar en una estructura de tabla y deben cumplir con los siguientes criterios:
- cada columna debe contener un valor "atómico", es decir, solo un valor por celda, por lo que no deben ser matrices
- cada columna debe tener un nombre único
- cada tabla debe tener uno o más campos que identifiquen de manera única las filas individuales, debe tener al menos una clave principal
- dos líneas no pueden ser idénticas
- no se permiten grupos repetidos de datos. A continuación se muestra un ejemplo que aclarará el concepto expresado.

<!-- Curso práctico PHP HTML MySQL -->

Tabella problematica: Tabella Contatti

Idcontatto	Rag-sociale	Indirizzoazienda	Nomecontatto	Mansione	Tel	Email
1	Fiat	Via Verdi, Torino	Paolo Rossi	Presidente	34234	rossi@fiat.it
2	Fiat	Via Verdi, Torino	Giuseppe Verdi	Vice Presede	23423	verdi@fiat.it
3	Ford	Via Rossi, Monaco	Giacomo Puccini	Presidente	23423	puccini@ford.it

En la tabla hay datos repetidos en las columnas "Rag-sociale" y "Indirizzoazienda". Para normalizar esta tabla es necesario crear una nueva tabla de "Aziende" que contendrá los datos relativos a la empresa individual. Los identificadores únicos (la clave principal) de la tabla Aziende aparecerán en la tabla *Contatti*:

Idcontatto	Idazienda	Nomecontatto	Mansione	Tel	Email
1	1	Paolo Rossi	Presidente	34234	rossi@fiat.it
2	1	Giuseppe Verdi	Vice Presede	23423	verdi@fiat.it
3	2	Giacomo Puccini	Presidente	23423	puccini@ford.it

Tabella Aziende

Idazienda	Ragionesociale	Indirizzoazienda
1	Fiat	Via Verdi, Torino
2	Ford	Via Rossi, Monaco

La **clave principal** es una columna o un conjunto de columnas mediante el cual cada fila se puede identificar de forma única.

Puede ser una clave primaria, por ejemplo, una columna con un **valor secuencial**. En MySQL hay campos con incremento automático (auto_increment) que insertan un número secuencial único en cada adición de registros; o se pueden utilizar correos electrónicos, URL, números de seguridad social, es decir, elementos que por su naturaleza son únicos.

La **segunda forma normal** se aplica a tablas que tienen más de una clave principal.

Idazienda	Ragionesociale	Indirizzoazienda	Cittaazienda	Presidente
1	Fiat	Via Verdi, 55	Torino	Giuseppe Verdi
2	Ford	Via Rossi, 15	Monaco	Antonio Vivaldi

En esta tabla hay dos claves principales: "Ragionesociale" (Cuenta de la empresa) y "Cittaazienda" (Ciudad de la empresa). El problema surge cuando se ingresa otra dirección para la empresa Fiat: se repite el nombre del presidente. Las filas que solo dependen parcialmente de la clave principal deben eliminarse e insertarse en una nueva tabla de direcciones.

En la **tercera forma normal** todos los campos deben describir la clave primaria y por lo tanto deben describir la función de la tabla, en este caso tenemos una tabla de Contactos, "contatti":

Idcontatto	Nomecontatto	Mansione	Tel	Email	SegretarioCont	Tel-segretario
1	Paolo Rossi	Presidente	34234	rossi@fiat.it	Luigi Cherubini	12345
2	Giuseppe Verdi	Vice Presede	23423	verdi@fiat.it	Vincenzo Bellini	678900
3	Giacomo Puccini	Presidente	23423	puccini@ford.it	Arcangelo Corelli	1479765

El campo *Tel-segretario* no describe la clave principal (un contacto) y debe colocarse en otra tabla (una tabla de Secretarias).

Las tablas pueden tener diferentes *tipos de relaciones* entre sí.

Relación **uno a varios**: un valor en una columna se refiere a diferentes campos en otra tabla, por ejemplo, la tabla de sectores con la tabla de empresas, como se ve en el siguiente diagrama.

Relación **uno a uno**: caso particular de relación uno a varios, en el que una columna de una tabla hace referencia a un campo en otra tabla, como la tabla de administradores con la tabla de asistentes.

<!-- Curso práctico PHP HTML MySQL -->

Relación de **muchos a muchos**: los diferentes campos de una tabla se refieren a algunos campos de otra tabla, por ejemplo, la tabla del boletín y la tabla de suscriptores, generan los campos de la tabla de suscriptores del boletín.

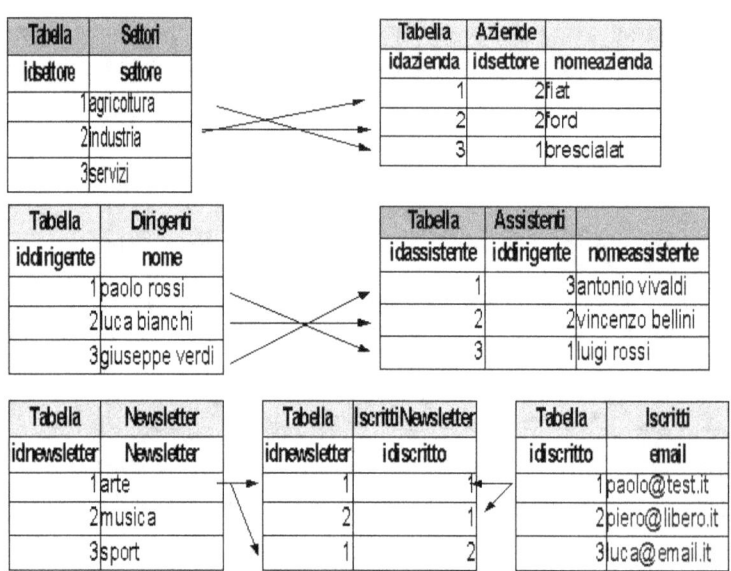

Para la creación de bases de datos y tablas se suele utilizar el *tool* **phpMyAdmin,** mediante un navegador. PhpMyAdmin es en sí mismo una aplicación web escrita en PHP, la primera versión se remonta a 1998. Se puede descargar desde *https://www.phpmyadmin.net*

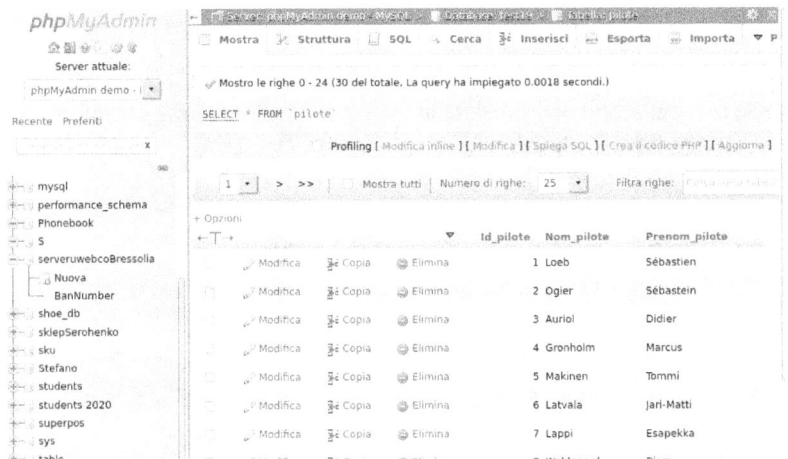

A través de phpMyAdmin creas las tablas de una base de datos usando el lenguaje SQL. En nuestra aplicación necesitaremos las siguientes tablas: **PHP_course_users** con los que gestionaremos los usuarios que pueden acceder al back office de gestión de la aplicación; **PHP_course_logutenti_admin**, que es la tabla que usaremos para realizar un seguimiento de los accesos y para las comprobaciones de sesión; **PHP_course_categories** con las que gestionaremos las categorías de producto y la tabla de *producto* (**PHP_course_products**) que contendrá los datos del producto.

<!-- Curso práctico PHP HTML MySQL -->

Di seguito la sintassi SQL per la creazione delle tabelle.

```sql
CREATE TABLE `PHP_course_users` (
  `iduser` int(4) NOT NULL auto_increment,
  `name` varchar(250) NOT NULL default '',
  `username` varchar(50) NOT NULL default '',
  `password` varchar(50) NOT NULL default '',
  `active` int(2) NOT NULL default '0',
  `level` int(2) NOT NULL default '1',
  `lastaccess` datetime NOT NULL default '0000-00-00 00:00:00',
  `naccess` int(4) NOT NULL default '0',
  PRIMARY KEY (`iduser`)
) TYPE=MyISAM ;

CREATE TABLE `PHP_course_logutenti_admin` (
  `IDLOG` int(4) NOT NULL auto_increment,
  `IDUTENTE` mediumint(4) default NULL,
  `SESSIONID` varchar(50) default NULL,
  `STATE` int(4) default NULL,
  `CREATIONDATE` datetime default '0000-00-00 00:00:00',
  `DATALOGOUT` datetime default NULL,
  `IP` varchar(20) default NULL,
  `URL` varchar(255) default NULL,
  PRIMARY KEY (`IDLOG`)
) TYPE=MyISAM ;

CREATE TABLE `PHP_course_categories` (
  `idcategory` int(11) NOT NULL auto_increment,
  `category` varchar(250) NOT NULL default '',
  PRIMARY KEY (`idcategory`),
  KEY `category` (`category`)
) TYPE=MyISAM ;
```

CREATE TABLE `PHP_course_products` (
`idproduct` int(4) NOT NULL auto_increment,
`idcategory` int(4) NOT NULL default '0',
`product_name` varchar(255) NOT NULL default '',
`description` text NOT NULL,
`quantity` int(4) NOT NULL default '0',
`price` decimal(10,2) NOT NULL default '0.00',
`tax` int(2) NOT NULL default '0',
`img` varchar(250) NOT NULL default '',
PRIMARY KEY (`idproduct`)
) ENGINE=MyISAM DEFAULT CHARSET=latin1;

A partir de estas sencillas tablas podemos ver los **tipos de datos** que usaremos. Los tipos de datos identifican lo que contiene un campo determinado. Pueden ser cadenas de texto, números, fechas. Cada tipo contiene diferentes categorías basadas en la memoria que se utiliza para almacenar los datos. Todos los tipos de columnas pueden contener (si se declaran en su definición) el valor **NULL**, requerido por el estándar SQL para indicar un "sin valor", es decir, el hecho de que una determinada columna puede no tener un valor en algunas filas de la tabla.

<!-- Curso práctico PHP HTML MySQL -->

TIPOS DE DATOS MySQL: NÚMEROS

TINYINT[(M)]
SMALLINT[(M)]
MEDIUMINT[(M)]
INT[(M)]
BIGINT[(M)]
FLOAT[(M,D)]
DOUBLE[(M,D)]
DECIMAL[(M[,D])]

Los datos de tipo **TINYINT, SMALLINT, MEDIUMINT, INT** y **BIGINT** representan números enteros compuestos respectivamente por 1, 2, 3, 4 y 8 bytes. El TINYINT puede contener 256 valores, que van de -128 a +127 o de 0 a 255 en el caso de UNSIGNED. Del mismo modo, SMALLINT puede contener 65536 valores, MEDIUMINT 16.777.216, INT más de 4 mil millones, BIGINT alrededor de 18 mil millones de millones.

La indicación del parámetro **M** en los números enteros no afecta los valores que se pueden almacenar, pero representa la longitud mínima que se puede mostrar para los datos. Si el valor ocupa menos dígitos, se rellena a la izquierda con espacios o con ceros si se agrega la opción **ZEROFILL**.

FLOAT y **DOUBLE** representan números de coma flotante. **M** representa el número total de dígitos representados y **D** el número de dígitos decimales.

FLOAT es de "precisión simple": sus límites teóricos van de -3.402823466E + 38 a -1.175494351E-38 y de 1.175494351E-38 a 3.402823466E + 38, además de cero.

Los valores DOBLES son de "doble precisión": los límites teóricos son de -1,7976931348623157E + 308 a -2,2250738585072014E-308 y de 2,2250738585072014E-308 a 1,7976931348623157E + 308, además de cero.

Finalmente, los datos **DECIMAL** representan números "exactos", con M dígitos totales de los cuales D decimales. Los valores predeterminados son 10 para M y 0 para D. Los valores límite para estos datos son los mismos que para DOBLE. Los dígitos máximos permitidos son 65 para M y 30 para D. A partir de MySQL 5.0.3, estos datos se comprimen en forma binaria.

<!-- Curso práctico PHP HTML MySQL -->

TIPOS DE DATOS MySQL: FECHAS Y HORA

Las columnas de fecha y hora son las siguientes:
DATE
DATETIME
TIMESTAMP[(M)]
TIME
YEAR[(2|4)]

Una columna **DATE** puede contener fechas desde '1000-01-01' (1 de enero de 1000) hasta '9999-12-31' (31 de diciembre de 9999). MySQL muestra las fechas en el formato que le acabamos de mostrar, pero le permite ingresarlas en forma de cadenas o números.

Una columna **DATETIME** contiene una fecha y hora, con el mismo rango visto para DATE. La pantalla tiene el formato 'AAAA-MM-DD HH: MM: SS', pero también en este caso se pueden utilizar diferentes formatos para la inserción.

Los valores correspondientes a la marca de tiempo de Unix se pueden almacenar en un **TIMESTAMP**, desde la medianoche del 1 de enero de 1970 hasta una hora no especificada en el año 2037.

Una columna de **TIME** contiene un valor de tiempo (horas, minutos y segundos) que van desde '-838: 59: 59' a '838: 59: 59'.

Aquí, también, la visualización se realiza en el formato indicado, pero es posible utilizar diferentes formatos para la inserción.

Finalmente, la columna **YEAR** representa, en cuatro dígitos, un año entre 1901 y 2155, o 0000. En dos dígitos, por otro lado, los valores oscilan entre 70 (1970) y 69 (2069).

TIPOS DE DATOS MySQL: STRING

[NATIONAL] CHAR(M) [BINARY | ASCII | UNICODE]
[NATIONAL] VARCHAR(M) [BINARY]
BINARY(M)
VARBINARY(M)
TINYBLOB
TINYTEXT
BLOB[(M)]
TEXT[(M)]
MEDIUMBLOB
MEDIUMTEXT
LONGBLOB
LONGTEXT
ENUM('valore1','valore2',…)
SET('valore1','valore2',…)
Entre corchetes, parámetros opcionales.

CHAR es una cadena de longitud fija (M) rellenada con espacios a la derecha en el momento del almacenamiento, que se descartan en la lectura. La longitud esperada es de 0 a 255 caracteres. La opción NACIONAL indica que la cadena debe utilizar el set de caracteres predeterminado. El atributo BINARY indica que se debe utilizar la collation binaria del set de caracteres utilizado. ASCII asigna el set de caracteres latin1, UNICODE asigna ucs2. **CHAR BYTE** es equivalente a **CHAR BINARY**. Tenga en cuenta que si una fila tiene longitud variable (es decir, si al menos una columna se define como longitud variable), cualquier campo CHAR de más de 3 caracteres se convierte a VARCHAR.

VARCHAR es una cadena de longitud variable; sus características han cambiado desde MySQL 5.0.3: anteriormente, de hecho, la longitud máxima era 255 y los espacios vacíos de la derecha se eliminaban durante el almacenamiento; ahora este ya no es el caso y la longitud máxima declarable ha aumentado a 65535 caracteres. Los atributos NACIONAL y BINARY tienen el mismo significado que se ve en CHAR. Si define una columna VARCHAR con menos de 4 caracteres, se transformará en CHAR.

BINARY y **VARBINARY** coinciden con CHAR y VARCHAR, pero almacenan cadenas de bytes en lugar de caracteres. Por lo tanto, no tienen set de caracteres. Los valores BINARY reciben un relleno derecho de 0x00 bytes comenzando con MySQL 5.0.15; anteriormente, el relleno era un espacio en blanco y se eliminaba al leer.

Los formatos de tipo **BLOB** y **TEXT** se utilizan para valores binarios y de texto, respectivamente.

La longitud máxima es de 255 caracteres para TINYBLOB y TINYTEXT, 65535 para BLOB y TEXT, 16.777.215 para MEDIUMBLOB y MEDIUMTEXT, 4 gigabytes para LONGBLOB y LONGTEXT.

Una columna **ENUM** puede contener uno de los valores enumerados en la definición, o NULL o una cadena vacía, que se asigna al intentar ingresar un valor no válido. Los valores posibles pueden ser hasta 65535.

Una columna **SET**, como ENUM, proporciona un conjunto de valores posibles (hasta 64), pero en este caso la columna también puede tener más de un valor o ninguno.

<u>**idproduct**</u>	int(4)
idcategory	int(4)
product_name	varchar(255)
description	text
quantity	int(4)
price	decimal(10,2)
tax	int(2)
img	varchar(250)

<!-- Curso práctico PHP HTML MySQL -->

ÍNDICES MYSQL

PRIMARY KEY: aplicada a uno o más campos de una tabla, le permite distinguir de forma única cada fila. El campo sujeto al índice de primary key no permite campos duplicados o nulos;
UNIQUE: similar a la primary key, con la diferencia de que tolera valores nulos, mientras que los duplicados están prohibidos;
COLUMN INDEX: estos son los índices más comunes. Aplicados a un campo en una tabla, tienen el único propósito de acelerar el acceso al permitir valores duplicados y nulos;
FULLTEXT: son índices que le permiten acelerar las operaciones que requieren mucho tiempo y mucha memoria, como la búsqueda de texto en un campo completo.

La estructura de la base de datos que hemos creado ahora es más clara. *PhpMyAdmin* en la vista de estructura muestra los tipos de datos y sus características como se muestra en la siguiente imagen:

Campo	Tipo	Collation	Attributi	Null	Predefinito	Extra
idprodotto	int(4)			No		auto_increment
idcategoria	int(4)			No	0	
prodotto	varchar(255)	latin1_swedish_ci		No		
descrizione	text	latin1_swedish_ci		No		
quantitadisp	int(4)			No	0	
costo	decimal(10,2)			No	0.00	
iva	int(2)			No	0	

Puede descargar toda la base de datos en formato sql e importarla directamente a la suya usando la *función de importación* de phpMyAdmin.

CREACIÓN DE ÁREA DE BACK OFFICE

Trabajaremos en la carpeta *admin*, en ella tendremos los siguientes archivos:

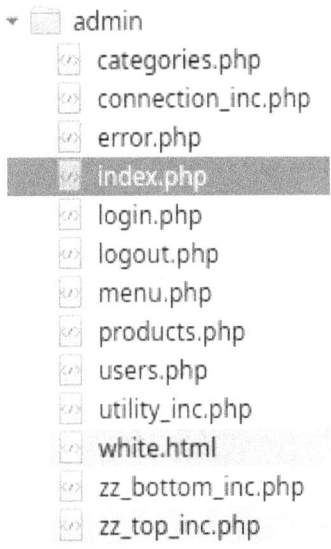

Para el servidor web, la página de inicio es **index.php** o **index.html**. Esto significa que si no especifica una página en particular en una URL, sino que solo indica una carpeta en un servidor web, el servidor intentará mostrar la página index.php o .html. Cada servidor web puede configurarse especialmente para servir cualquier tipo de archivo como página de inicio.

En nuestro caso, la página *index.php* solo hará referencia a la página *login.php*: estamos en un área restringida y queremos auten-

<!-- Curso práctico PHP HTML MySQL -->

ticarnos primero para acceder al contenido de la carpeta y nuestra aplicación.

En el archivo que les informo, también dejé, como curiosidad, una posible alternativa al redireccionamiento, es decir, el uso de framesets. Los *frameset* se usaban hace años para dividir el área de visualización en diferentes áreas, cada una de las cuales mostraba un archivo diferente, las diferentes áreas podían interactuar entre sí a través de comandos javascript. Los *frames* utilizados cuando aún no había bibliotecas de JavaScript como *JQuery*.

```
<?php
//****************************************
//AUTHOR: andrea raimondi info--AT--aredit.com
//file: frameset iniziale
//****************************************

header("Location: login.php");
die();
?>
<html>
<head>
<title>...::: MY COMPANY - Catalogo prodotti :::...</title>
<meta http-equiv="Content-type" content="text/html; charset=UTF-8">
<meta name="author" content="Andrea Raimondi" info--AT--aredit.com">
<meta name="editor" content="Andrea Raimondi">
<link rel="shortcut icon" href="../img/favicon.ico" />
</head>
<frameset cols="0,*" frameborder="NO" border="0" framespacing="0" rows="*">
  <frame name="menu" src="white.html">
  <frame name="dx" scrolling="yes" noresize src="login.php">
</frameset>
<noframes>
<body bgcolor="#FFFFFF" text="#000000">
  <p>
    Your brower does not suppor frames!
</body>
</noframes>
</html>
```

Para realizar la redirección usamos la función *header()* de PHP que simplemente contiene la referencia a la página a recuperar. Inmediatamente notamos que el bloque de código en lenguaje PHP debe estar encerrado entre los símbolos **<?php** y **?>**: Todo lo que esté entre ellos será analizado por el servidor web a través del motor PHP. Después *header()* encontramos la función ***die()*** que simplemente finaliza la ejecución del script. Mirando la página php nos damos cuenta de que también contiene código html. De hecho, lo que produce una página php es un código html, que se envía desde el servidor al navegador para que se muestre. Entonces, el código php procesa los datos y los devuelve, en nuestro ejemplo, en formato html.

Esta es la norma. Con PHP podemos generar otro tipo de archivos, especialmente archivos de texto, como .txt, csv, json y otros.

El bloque de código php también se puede insertar dentro de una etiqueta html, para hacer que su contenido sea dinámico. A continuación, se muestra un ejemplo de un color de fondo:

<td bgcolor = <**?php print $bgcolor;?**> </td>

En este caso la variable *$bgcolor* puede asumir diferentes colores según lo establecido por el programa. Las variables son "contenedores" para almacenar información. Son el elemento básico de cualquier lenguaje de programación. En PHP, una variable comienza con un signo **$**, seguido del nombre de la variable:

<? php
$txt = "¡Hola mundo!";
$x = 5;
$y = 10,5;
?>

Después de ejecutar las declaraciones anteriores, la variable $txt contendrá el valor "¡Hola mundo!", la variable $x contendrá el valor 5 y la variable $y contendrá el valor 10.5. Al asignar un valor de texto a una variable, debemos encerrar el valor entre comil-

<!-- Curso práctico PHP HTML MySQL -->

las. A diferencia de otros lenguajes de programación, PHP no tiene ningún comando para declarar una variable. Una variable se crea cuando se le asigna un valor por primera vez. Las variables en PHP *distinguen entre mayúsculas y minúsculas*, es decir, el lenguaje discrimina entre mayúsculas y minúsculas: $NAME es una variable distinta de $name o $Name o incluso $nAmE.

Cuando llegamos a la página *index.php* con el navegador, inmediatamente se nos redirige a la página *login.php* que gestiona la autenticación del usuario habilitado para gestionar el back office.

La página login.php le pide al visitante que ingrese el nombre de usuario y la contraseña a través de dos campos de un formulario html.

A continuación se muestra el código que crea el formulario que ve.

```
<form action="<?php print "login.php"; ?>" method="post">
<tr>
    <td colspan=3 class="ss" align=center>INSERT USERNAME AND PASSWORD</td>
</tr>
<tr>
    <td><img src="../img/trasp.gif" width=1 height=10></td>
</tr>
<tr>
    <td align=center>
        <table border=0 cellspacing=0 cellpadding=0>
        <tr>
            <td>Username </td>
            <td><input type="text" name="userk" size="20"></td>
        </tr>
        <tr>
            <td>Password </td>
            <td><input type="password" name="passk" size="20"></td>
        </tr>
        </table>
    </td>
</tr>
<tr>
    <td><img src="../img/trasp.gif" width=1 height=10></td>
</tr>
<tr>
    <td colspan=3 align=center>
        <input type="submit" value="immetti">
        <input type="reset" value="annulla">
    </td>
</tr>
</form>
```

Ya conocemos la etiqueta <table> que se usa para posicionar los elementos de una página web. Los formularios HTML están incluidos por la etiqueta <form> </form> cuyos atributos principales son *action*, que indica dónde debe transmitir el formulario los datos que contiene, *method*, que indica el modo de transmisión de datos: puede ser GET o POST, y *name* indicando el nombre del formulario, que se utilizará para identificarlo y manipular sus componentes, generalmente a través de funciones javascript. Dentro de esa etiqueta, se insertan las otras etiquetas que muestran los

<!-- Curso práctico PHP HTML MySQL -->

diferentes tipos de campos disponibles para nosotros. Los vemos en el análisis en profundidad que sigue.

```html
<!DOCTYPE html>
<html>
<body>
<form action="/action_page.php" autocomplete="on">
  <label for="fname">First name:</label>
  <input type="text" id="fname" name="fname" autofocus required><br><br>
  <label for="lname">Last name:</label>
  <input type="text" id="lname" name="lname"><br><br>
  <label for="email">Email:</label>
  <input type="email" id="email" name="email" autocomplete="off" required placeholder="youremail@email.com"><br><br>
  <input type="submit" value="Submit">
</form>

</body>
</html>
```

Profundización. Formularios HTML

Se utiliza un formulario HTML para recopilar la entrada del usuario. La entrada del usuario a menudo se envía a un servidor para su procesamiento. Se crea insertando algunas etiquetas dentro de la etiqueta <form> </form>. Como se vio anteriormente, los atributos de <form> son *action, method, name*. También agregamos el atributo *target* que especifica dónde mostrar la respuesta que se recibe después de enviar los datos del formulario. Puede asumir los siguientes valores _blank, en una nueva ventana o pestaña, _self, en la misma ventana; _parent en un marco superior al que contiene el formulario. Si no lo indica, los datos se mostrarán en la misma ventana donde existe el formulario.

Los principales elementos y etiquetas que pueden componer un formulario son:

<input>
<label></label>
<select></select>
<option></option>
<textarea></textarea>
<button>

El elemento **<input>** es uno de los más utilizados para construir un formulario y se puede mostrar de diferentes formas según el valor del atributo *type*.

El tag **<label>** define una "etiqueta" que hace referencia a un elemento del formulario a través del atributo *for*, como en el siguiente ejemplo:

```
<!-- Curso práctico PHP HTML MySQL -->
<!DOCTYPE html>
<html>
<body>

<h2>The input Element</h2>

<form action="/action_page.php">
  <label for="fname">First name:</label><br>
  <input type="text" id="fname" name="fname"><br><br>
  <input type="submit" value="Submit">
</form>

</body>
</html>
```

The input Element

First name:

[Submit]

El atributo *for* de <label> se refiere al valor asumido por el atributo *id* de otro elemento.

El elemento <select> </select> define una lista desplegable, sus posibles opciones seleccionables están indicadas por la etiqueta <option> </option>. Los principales atributos son *name* y *value*. El primero define un nombre único para el campo del formulario y se usará para enviar el contenido del campo a través de la cadena de consulta del navegador o dentro del *header* del navegador si *method* es *post*. En pocas palabras, representa el nombre de la variable. *Value* representa el contenido de ese campo del formulario y contendrá lo que se enviará como un valor relativo a ese campo al servidor.

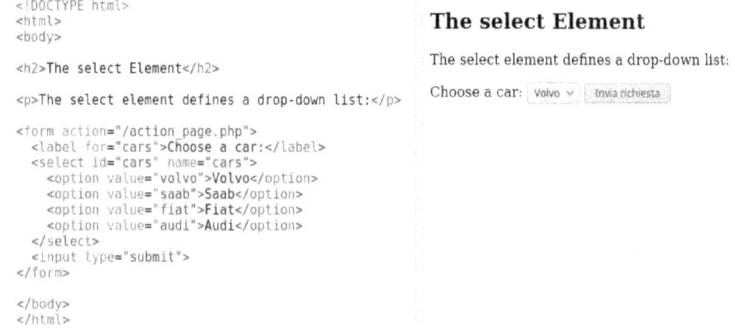

El elemento <textarea> </textarea> define un campo de texto de varias líneas. El atributo *rows* especifica el número visible de filas en un área de texto. El atributo *cols* especifica el ancho visible de un área de texto.

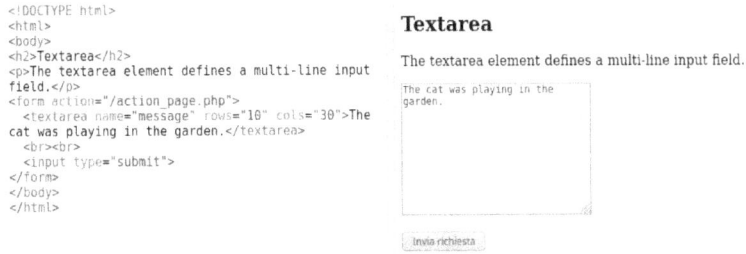

El elemento de formulario <button> </button> define un botón en el que se puede hacer clic

El campo <input type="button"> también se puede utilizar para el mismo propósito, como veremos en breve.

<!-- Curso práctico PHP HTML MySQL -->

Profundización. <input *type=*"...">
El campo de tipo **<input>** puede tener los siguientes tipos, a través del valor de su atributo *type*:
  <input type="button">
  <input type="checkbox">
  <input type="color">
  <input type="date">
  <input type="datetime-local">
  <input type="email">
  <input type="file">
  <input type="hidden">
  <input type="image">
  <input type="month">
  <input type="number">
  <input type="password">
  <input type="radio">
  <input type="range">
  <input type="reset">
  <input type="search">
  <input type="submit">
  <input type="tel">
  <input type="text">
  <input type="time">
  <input type="url">
  <input type="week">
Veamos con más detalle los más utilizados.

`<input type="text">` define un campo de texto de una línea indicar siempre el atributo *name* para todas las etiquetas `<input>`

`<input type="password">` efine un campo de contraseña donde no se muestra lo que escribe

`<input type="submit">` define un botón para enviar datos de formulario a una página que manejará los datos (form-handler). Esta página se especifica en el atributo *action* de la etiqueta `<form>`. El texto que aparece encima del botón se establece mediante el atributo *value*.

`<input type = "reset">` define un botón de reinicio que reiniciará todos los valores del módulo a sus valores predeterminados.

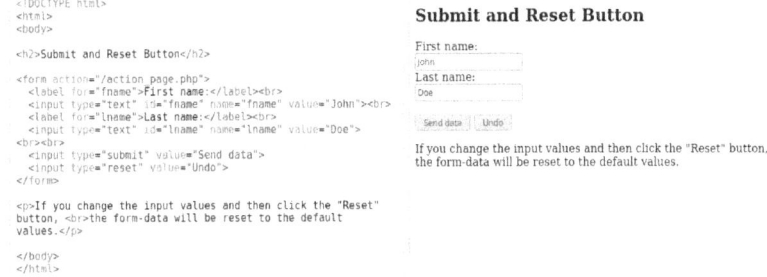

<!-- Curso práctico PHP HTML MySQL -->

<input type="**radio**"> define un botón de opción.

Los botones de radio permiten al usuario seleccionar **solo una opción** de un número limitado de ellos.

<input type="**checkbox**"> define una casilla de verificación.

Las casillas de verificación permiten al usuario seleccionar **cero o más opciones** de un número limitado de opciones.

<input type="**button**"> define un botón

<input type="**color**"> se usa para campos de entrada que deben contener un color. Dependiendo de la compatibilidad de su navegador, puede aparecer un selector de color en el campo de entrada

<input type="**date**"> se usa para campos de entrada que deben contener una fecha. Dependiendo de la compatibilidad de su navegador, puede aparecer un selector de fecha en el campo de entrada. Con los atributos *min* y *max* puede agregar restricciones a las fechas.

<input type="**email**"> se utiliza para campos de entrada que deben contener una dirección de correo electrónico. Dependiendo

del soporte del navegador, la dirección de correo electrónico se puede validar automáticamente en el momento del envío. Algunos teléfonos inteligentes reconocen el tipo de correo electrónico y agregan ".com" al teclado para que coincida con la entrada del correo electrónico.

<input type="**number**"> define un campo de entrada numérico. También puede establecer restricciones sobre los números aceptados. El siguiente ejemplo muestra un campo de entrada numérico, donde puede ingresar un valor entre 1 y 5

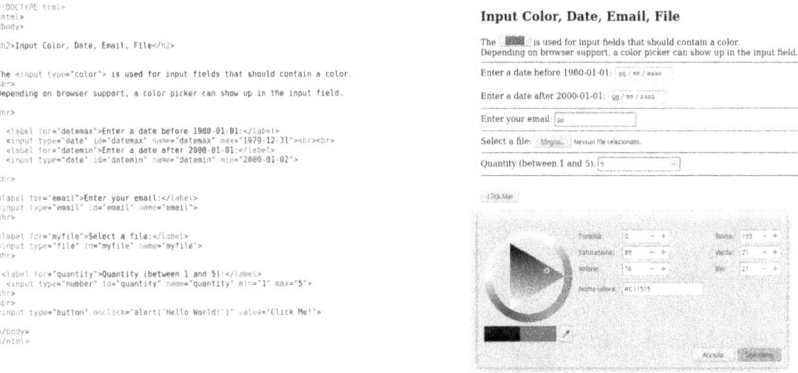

<input type="**range**"> define un control para ingresar un número cuyo valor exacto no es importante (como un control deslizante). El rango predeterminado es de 0 a 100. Sin embargo, puede establecer restricciones en los números aceptados con los atributos *min*, *max* y *step*:

<!-- Curso práctico PHP HTML MySQL -->

<input type="**search**"> se utiliza para los campos de búsqueda (un campo de búsqueda se comporta como un campo de texto normal).

<input type="**tel**"> se utiliza para campos de entrada que deben contener un número de teléfono.

<input type="**time**"> permite al usuario seleccionar una hora (sin zona horaria). Dependiendo de la compatibilidad del navegador, puede aparecer un selector de tiempo en el campo de entrada.

<input type="**url**"> se usa para campos de entrada que deben contener una dirección URL. Dependiendo de la compatibilidad del navegador, el campo URL puede validarse automáticamente cuando se envía. Algunos teléfonos inteligentes reconocen el tipo de URL y agregan ".com" al teclado para que coincida con la entrada de la URL.

```
<!DOCTYPE html>
<html>
<body>
<form action="/action_page.php">
<h3>Display a Range Input Field</h3>
    <label for="vol">Volume (between 0 and 50):</label>
    <input type="range" id="vol" name="vol" min="0" max="50">
<hr>
<h3>Display a  Search, Input Field</h3>
    <label for="gsearch">Search Google:</label>
    <input type="search" id="gsearch" name="gsearch">
<hr>
<h3>Display a Tel Input Field</h3>
    <label for="phone">Enter your phone number:</label>
    <input type="tel" id="phone" name="phone" pattern="[0-9]{3}-[0-9]{2}-[0-9]{3}">
<hr>
<h3>Display a Time Input Field</h3>
    <label for="appt">Select a time:</label>
    <input type="time" id="appt" name="appt">
<hr>
<h3>Display an  URL Input Field</h3>
    <label for="homepage">Add your homepage:</label>
    <input type="url" id="homepage" name="homepage"><hr>
    <br>
    <input type="submit" value="Submit">
</form>
</body>
</html>
```

=== Andrea Mauro Raimondi ===

Esto es lo que ves en el navegador:

Display a Range Input Field

Volume (between 0 and 50):

Display a Search, Input Field

Search Google:

Display a Tel Input Field

Enter your phone number:

Display a Time Input Field

Select a time:

Display an URL Input Field

Add your homepage:

Submit

<!-- Curso práctico PHP HTML MySQL -->

Profundización. Atributos de <input>

El atributo *value* de <input> especifica un valor inicial para un campo de entrada.

El atributo *readonly* especifica que un campo de entrada es de solo lectura. Un campo de entrada de solo lectura no se puede editar (sin embargo, un usuario puede seleccionarlo con la tecla de tabulación, resaltarlo y copiar texto de él). El valor de un campo de entrada de solo lectura se seguirá enviando cuando envíe el formulario.

El atributo *disabled* especifica que un campo de entrada debe deshabilitarse. Un campo de entrada deshabilitado es inutilizable y no se puede hacer clic. El valor de un campo de entrada deshabilitado no se enviará cuando se envíe el formulario.

El atributo *size* especifica el ancho visible, en caracteres, de un campo de entrada. El valor predeterminado para el tamaño es 20.

Nota: El atributo *size* funciona con los siguientes tipos de entrada: text, submit, tel, url, email e password.

El atributo *maxlength* especifica el número máximo de caracteres permitidos en un campo de entrada.

Los atributos *min* y *max* especifican los valores mínimo y máximo para un campo de entrada. Los atributos min y max funcionan con los siguientes tipos de entrada: number, range, date, datetime-local, month, time. Sugerencia: use los atributos max y min juntos para crear un rango de valores permitidos.

El atributo *multiple* especifica que el usuario puede ingresar más de un valor en un campo de entrada. Este atributo funciona con los siguientes tipos de entradas: email e file.

El atributo *pattern* especifica una expresión regular con la que se verifica el valor del campo de entrada cuando se envía el formulario. El atributo pattern funciona con los siguientes tipos de entrada: text, data, search, url, tel, email y password.

El atributo *placeholder* especifica una breve sugerencia que describe el valor esperado de un campo de entrada (un valor de muestra o una breve descripción del formato esperado). La sugerencia corta aparece en el campo de entrada antes de que el usuario ingrese un valor. El atributo placeholder funciona con los siguientes tipos de entrada: text, search, url, tel, email y password.

El atributo *required* especifica que se debe completar un campo de entrada antes de enviar el formulario. El atributo requerido funciona con los siguientes tipos de entradas: text, search, url, tel, email, password, data, number, checkbox, radio, y file.

El atributo *step* especifica los rangos de números válidos para un campo de entrada. Ejemplo: si step="4", los números legales podrían ser -4, 0, 4, 8, etc. Este atributo se puede utilizar junto con los atributos max y min para crear un rango de valores válidos. El atributo step funciona con los siguientes tipos de entrada: number, range, date, time.

El atributo *autofocus* especifica que un campo de entrada debe activarse automáticamente cuando se carga la página.

Los atributos de *height* y *width* especifican el alto y el ancho de un elemento <input type="image">

El atributo autocomplete especifica si un formulario o campo de entrada debe tener autocompletado habilitado o inhabilitado. *Autocomplete* permite que el navegador prediga el valor. Cuando un

<!-- Curso práctico PHP HTML MySQL -->

usuario comienza a escribir en un campo, el navegador debe mostrar opciones para completar el campo, según los valores ingresados previamente. El atributo de autocompletar funciona con <form> y los siguientes tipos de <input>: text, search, url, tel, email, password, datepickers, range, y color.

Un ejemplo de uso de algunos atributos:

```
<!DOCTYPE html>
<html>
<body>
<form action="/action_page.php" autocomplete="on">
  <label for="fname">First name:</label>
  <input type="text" id="fname" name="fname" autofocus required><br><br>
  <label for="lname">Last name:</label>
  <input type="text" id="lname" name="lname"><br><br>
  <label for="email">Email:</label>
  <input type="email" id="email" name="email" autocomplete="off" required placeholder="youremail@email.com"><br><br>
  <input type="submit" value="Submit">
</form>

</body>
</html>
```

First name: [   ]

Last name: [   ]

Email: [youremail@email.com]

[Submit]

=== Andrea Mauro Raimondi ===

GESTIÓN DE LOGIN

Después de esta breve descripción general de los formularios HTML y sus componentes principales, reanudemos el análisis del archivo *login.php*. Una vez ingresados el login, usuario y contraseña, el usuario, al hacer clic en el botón enviar, enviará los datos a la página que hemos definido a través del atributo *action* de la etiqueta <form>. En nuestro caso se ve así:

<form action ="<? php print" login.php ";?>" method="post">

Por tanto, los datos se enviarán a la misma página (login.php), a través del método *post*, es decir, a través de las solicitudes HTTP que el navegador envía al servidor web. La página, como vemos a continuación, tiene un bloque de código PHP que se encarga de recuperar los datos del formulario HTML de las cabeceras HTTP, realizar algunas comprobaciones posibles y finalmente comprobar si los datos enviados corresponden a un usuario con permisos de acceso al sistema.

```
<?php
//////////////////////////////////////////
//AUTHOR: andrea raimondi info AT xredit.com
//file: login
//////////////////////////////////////////
include('zz_top_inc.php');
?>
<p>
<br><img src="../img/trasp.gif" width=1 height=20 alt="">
<table border=0 cellspacing=0 cellpadding=0>
<?php
//retrive and check form data
//recupero e controllo dati del form
$userk = $_REQUEST["userk"];
$passk = $_REQUEST["passk"];
if((isset($userk)) && (isset($passk))){
    //trim
    //tolgo eventuali spazi vuoti
    $userk=trim($userk);
    $passk=trim($passk);
    //variabile con codice SQL
    $sqlq = "SELECT * FROM php_course_users WHERE username='$userk' AND password='$passk' AND active='1'";
    $resultb = mysqli_query($connection,$sqlq) or die(mysqli_error());
    $exist = mysqli_num_rows($resultb);
    if (($exist<= 0) {
    print "
    <tr><td height=30 colspan=3 align=center>
    <!--Forgot password? <a href=\"forgetpw.php\">click HERE</a>.-->
    <br><img src=\"trasp.gif\" width=1 height=40 alt=\"\"></td></tr>
    <tr><td height=30 colspan=3 align=center bgcolor=\"#ffff00\">Wrong User ID o password!<br>
     </td></tr>
    ";
?>

<form action="<?php print "login.php"; ?>" method="post">
<tr>
    <td colspan=3 class="ss" align=center>INSERT USERNAME AND PASSWORD</td>
</tr>
<tr>
    <td><img src="../img/trasp.gif" width=1 height=10></td>
</tr>
```

```
<!-- Curso práctico PHP HTML MySQL -->
```

Como puede ver, la función *include()* se inserta en la línea 6, cuyo propósito es incluir otro archivo dentro de una página php. Es una característica muy útil porque le evita escribir mucho código, tanto HTML como PHP.

En nuestra aplicación encontramos dos archivos tanto para el área de back office como para el sitio público incluidos en casi todas las demás páginas: *zz_top_inc.php* y *zz_bottom_inc.php*. Como sus nombres pueden implicar, tienen la función, respectivamente, de crear el código HTML y PHP para el encabezado de las páginas y para el *footer* de página (es decir, el área inferior) de las páginas. Esto es por la sencilla razón de que el código es el mismo para todos los archivos: la parte superior contendrá, por ejemplo, el logo y el menú. La parte inferior contendrá otra información que creemos útil para estar siempre presente como, por ejemplo, teléfono, correo electrónico y derechos de autor. Veremos estas páginas con más detalle en breve.

Las líneas n. 14 y n. 15 contienen las variables PHP que nos permiten recuperar los datos de los campos del formulario:

$_REQUEST ["field_name"];. Es parte de las llamadas variables "*superglobals*": es decir, siempre están disponibles en todas las áreas de un archivo PHP.

Observe cómo cada declaración de PHP siempre debe terminar con un punto y coma ";". Si no lo pones, el servidor devolverá un **Parse error**:

Parse error: syntax error, unexpected T_VARIABLE in **D:\inetpub\webs\areditcom\public\corsophp\catalogo\admin\login.php** on line 15

Cuando ocurre un error, a menos que el intérprete de PHP tenga la directiva de no mostrarlos, el navegador mostrará el tipo de error, la página donde ocurrió y el número de línea en la que fue detectado. Las primeras veces puede suceder que no entiendas el motivo, pero leyendo el mensaje con atención encontrarás la solución en poco tiempo. El consejo es *comprobar siempre la presencia de; al final de una instrucción* y para comprobar no solo la línea mencionada en el mensaje de error, sino también la línea siguiente. Con experiencia, comprenderá rápidamente la razón que causó el error.

Una vez asignado el valor del campo del formulario a una variable, podemos proceder a eventualmente modificar su contenido o realizar comprobaciones en función de nuestras necesidades.

En el caso específico, vemos que el contenido del campo de formulario recuperado de *$ _REQUEST["userk"]* se asigna a la variable **$userk**; Esta variable es totalmente arbitraria, podemos llamarla como queramos: $username, $usuario, $user, $foo, $a, etc.

Por conveniencia y para hacer el código más inteligible, suelo nombrar las variables que recuperan los datos de un formulario *con el nombre del campo en sí*. El formulario contenía el campo <input type="text" name="**userk**" size="20">, así que llamé a la variable PHP referenciada, de hecho, **$userk**.

La línea 16 verifica la existencia de las dos variables, a través de la función *isset()*, lo que equivale a decir que los campos de nombre de usuario y contraseña del formulario contienen texto ingresado por el usuario y no están vacíos.

<!-- Curso práctico PHP HTML MySQL -->

Esta verificación se realiza a través de una **estructura de control**. En nuestro caso es la estructura de control (o declaraciones condicionales) **if**. Si ejecuta el bloque adjunto de declaraciones solo si se cumple una determinada condición. El bloque de instrucciones está encerrado entre llaves **{}**. En nuestro caso, la condición que debe ocurrir depende de que las variables $userk y (a través del operador lógico **&&**) $passk no estén vacías. Para ser cierta, la condición debe verificar que existan *ambas variables*. Si se da la condición, realizamos algunas comprobaciones sobre las variables (y en este caso sobre los datos recibidos del formulario). En el código de ejemplo, las líneas 19 y 20 aplican la función *trim()*, que es parte de las funciones que manipulan **datos de cadenas** (o texto). Insertar en la base de datos es posible que deseemos formatear las fechas para hacerlas compatibles con la inserción en la base de datos (que usa el formato aaaa-mm-dd), o incluso agregar caracteres de *escape* para evitar errores, como por ejemplo puede ocurrir con los apóstrofos. *Las propias funciones de Php encierran las variables, que son sus argumentos, entre paréntesis ().* Esto sucede para todas las funciones escritas en PHP, vea la siguiente discusión. Una vez eliminados los espacios, en este caso, procedemos a verificar la existencia de un usuario que tenga ese nombre de usuario y contraseña, buscándolos en la base de datos. Normalmente creo una variable que contiene el SQL para enviar a la base de datos:

$sqlb = "SELECT * FROM PHP_course_users
WHERE
username='$userk' AND password='$passk' AND attivo='1'";

En este caso se busca en la base de datos, en la tabla, el registro correspondiente al usuario y contraseña enviados por el formulario. La estructura típica para realizar una *búsqueda SQL* es la siguiente: se utiliza el comando "**SELECT**", seguido de los campos a buscar o del genérico "*" que indica todos los campos, luego el nombre de la tabla y finalmente la condición : **SELECT * FROM table_name WHERE campo1 = "x"**; Veremos en el apéndice los comandos y selectores más utilizados para la búsqueda SQL.

Debe enviar ese comando SQL a la base de datos ahora a través de PHP. Este es el código PHP:

23 $resultb = **mysqli_query**($connection,**$sqlb**) or die(mysqli_error());
24 $esiste=**mysqli_num_rows**($resultb);

La función PHP *mysqli_query* se encarga de enviar la llamada SQL, contenida en la variable *$sqlb* a la base de datos y devuelve el resultado de esta llamada en la variable *$resultb*, que luego será manipulada para obtener los datos de la consulta según nuestras necesidades. . Observamos que *mysqli_query* tiene como primer argumento la variable $connection que corresponde a la conexión abierta con la base de datos. En nuestra aplicación se encuentra en el archivo incluido *zz_top_inc.php* que veremos en breve.

La línea 24 verifica a través de la función *mysqli_num_rows* si la consulta sql que enviamos justo antes devolvió líneas no vacías. Ponemos el resultado de esta función en la variable *$esiste*. La línea 25 trata de verificar si el valor de $esiste es o no igual o inferior a 0 (cero), es decir, si no se han encontrado los datos solicitados. Esto se hace mediante el control *if*. Así que este es el código **if ($existe<= 0) {bloque de código}**. En nuestro archivo, si no

<!-- Curso práctico PHP HTML MySQL -->

hay ningún usuario con ese nombre de usuario y contraseña, el formulario de *login* se mostrará nuevamente, posiblemente enviando un informe de error. Si, por el contrario, los datos corresponden a un usuario en la base de datos entonces crearemos una variable de sesión que acompañará al usuario e insertará los datos en la tabla *logutenti_admin* que realiza un seguimiento de los usuarios activos, además aumentaremos el contador de accesos relacionados con dicho usuario, actualizando también el campo con la fecha y hora del último acceso. Mostraremos el enlace para continuar dentro del back office, o podemos redirigir directamente al usuario a una página de inicio. Aquí está el resultado en caso de éxito.

Con el código relativo. De las líneas 77 a 91 se crea una variable de sesión aleatoria, a través de algunas funciones PHP que producen números aleatorios *rand()* el número obtenido luego se pasa a otra función *uniqid()* que genera un ID único basado en el microtiempo (el tiempo actual en microsegundos). De esta forma obtenemos una cadena que usaremos para la sesión del usuario y se insertará en la base de datos.

```php
70 ▼ while ($ValoriRigab = mysqli_fetch_array($resultb)) {
71     $iduser=$ValoriRigab["iduser"];
72     $name = $ValoriRigab["name"];
73     $user = $ValoriRigab["username"];
74     $password = $ValoriRigab["password"];
75     //se l'utente e' riconosciuto esegui:
76 ▼ if($exist>0){
77         //produce random numbers
78         srand((double)microtime()*1000000);
79         //number between 1 and 100
80         $random_number1 = rand(1,100);
81         //echo ("$random_number1<br>");
82         //between 1 and 50 this time
83         $random_number2 = rand(1,50);
84         //echo ("$random_number2<br>");
85         //finally between 55 and 95
86         $random_number3 = rand(55,95);
87         //echo ("$random_number3");
88         // $REMOTE_ADDR. "<br>";
89         $a = uniqid($random_number1);
90         $b = uniqid($random_number2);
91         $mysessionid = $a.$b;
92         $today = date("Y-m-d H:i:s",time());
93         //stato: 1 = attivo 0 = logout
94         $sql2 = "INSERT INTO PHP_course_logutenti_admin (IDUSER,SESSIONID,STATE,CREATIONDATE,IP,URL) ";
95         $sql2 = $sql2." values ('$iduser','$mysessionid','1','$today','$REMOTE_ADDR','')";
96         $result2 = mysqli_query($connection,$sql2);
97
98         $sql3 = "UPDATE PHP_course_users set lastaccess='$today',naccess=naccess+1 WHERE iduser=$iduser";
99         $result3 = mysqli_query($connection,$sql3)or die(mysqli_error());
100        print"<tr>\n";
101            print"<td colspan=4 class=\"main\" align=center>WELCOME, $name <br></td>\n";
102        print"</tr>";
103
104 ?>
```

En este bloque de código encontramos otras dos sentencias SQL: **INSERT** y **UPDATE**. Con el primero insertas datos en una tabla, con el segundo actualizas los datos de uno o más campos de una tabla.

La sintaxis de **INSERT** es:
INSERT INTO nombre_tabla (campo1, campo2, [...]) valores ('valor_campo1', 'valor_campo2', [...])

<!-- Curso práctico PHP HTML MySQL -->

para **UPDATE**:
UPDATE table_name set field_1='field_value1', field_2='field_value2', field_x='field_value'

Cada valor que se asignará a un campo debe insertarse entre comillas simples " ' ".

Las sentencias SQL se asignan a una variable PHP y se envían a la base de datos con la función *mysqli_query()* ya vista, cuyo resultado se asigna a una variable que llamaremos como prefiramos. Normalmente lo llamo $result.

=== Andrea Mauro Raimondi ===

Veamos los archivos que se incluyen en la página *login.php*, comenzando con *zz_top_inc.php*

El archivo contiene el código HTML que define el encabezado utilizado para todas las páginas en el área de back office.

```php
<?php
//******************************************
//AUTHOR: andrea raimondi info -AT- aredit.com
//file: header per tutte le pagine admin
//******************************************
?>
<!doctype html>
<html>
<head>
<title>...::: MY COMPANY - A Simple Product Catalog :::...</title>
<meta http-equiv="Content-type" content="text/html; charset=UTF-8">
<meta name="author" content="Andrea Raimondi - info--AT--aredit.com">
<meta name="editor" content="Andrea Raimondi">
<meta name="robots" content="noindex">
<link rel="shortcut icon" href="../img/favicon.ico" />
<link rel=StyleSheet href="../css/73160000.css" type="text/css" media=screen>
<style type="text/css">
a:link { color: #ff0000; }
a:active { color: #FFCC00; }
a:visited { color: #FF0000; }
</style></head>
<?php
include_once('connection_inc.php');
?>
<body>
<center>
<table border=1 cellpadding=0 cellspacing=0 bgcolor="#ffffff">
<tr>
<td>
  <table cellspacing=0 cellpadding=0 border=0 width="760" bgcolor="#9999cc">
    <tr>
      <td valign=top><img src="../img/php.gif" border=0 align=absmiddle></td>
      <td valign=top align=center><h1>MYPHP COMPANY</h1></td>
      <td valign=top align=right><img src="../img/php.gif" border=0 align=absmiddle></td>
    </tr>
  <tr bgcolor="#333366"><td colspan="3" height=10> </td></tr>
  </table>
  <table cellspacing=0 cellpadding=0 border=0 width="100%">
    <tr>
      <td valign=top align=center height=400>
```

Básicamente es la tabla principal que contiene toda la página, una subtabla con los logotipos y el nombre de nuestra empresa y otra subtabla que contiene el código HTML y PHP de las otras pági-

<!-- Curso práctico PHP HTML MySQL -->

nas. El archivo *zz_bottom_inc.php* cerrará la tabla principal con las etiquetas apropiadas.

Como podemos ver en la línea 23 también en este archivo hay un archivo incluido: *connection_inc.php*. Este archivo se encarga de establecer la conexión a la base de datos utilizada por la aplicación.

```php
<?php
//***********************************************
//AUTHOR: andrea raimondi info--AT--aredit.com
//file: file connessione
//***********************************************
?>
<?php
$host='SERVER MYSQL';
$user='DB user';
$dbnome='DB name';
$pass='DB password';

$connection = mysqli_connect("$host", "$user","$pass", "$dbnome");

if (mysqli_connect_errno()) {
    echo "Failed to connect to MySQL: " . mysqli_connect_error();
}

?>
```

Este tipo de conexión, válida para una base de datos mysql, se puede utilizar en cualquier aplicación, cambiando el nombre de la base de datos y sus datos de inicio de sesión, por lo que prefiero insertarlo en un archivo aparte y luego incluirlo en el encabezado. A menos que, por supuesto, necesite archivos con un encabezado diferente. En este caso tendremos que incluir el archivo de conexión directamente en los archivos que necesitarán interactuar con la base de datos.

Una vez logueados, accederemos a la página *menu.php*

=== Andrea Mauro Raimondi ===

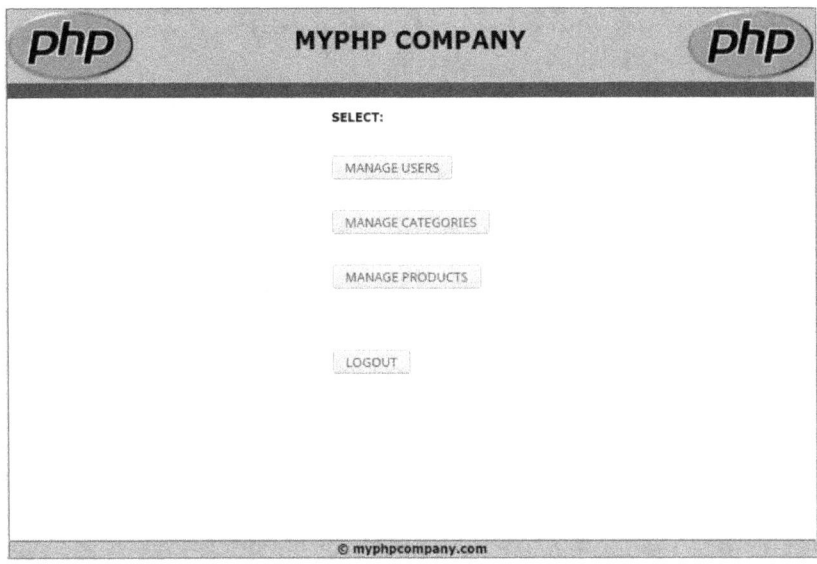

Producido a partir de este código:

```php
<?php
//*********************************************
//AUTHOR: andrea raimondi info AT aredit.com
//FILE: menu
//*********************************************
?>
<?php
include('zz_top_inc.php');
?>
<?php
include('utility_inc.php');
?>
<table border=0 cellpadding=0 cellspacing=0>
<tr><td>SELECT:</td></tr>
<tr><td><br/><br/></td></tr>
<?php
if ($xlevel=="0") {
?>
<tr><td><input type="button" onclick="document.location.href='users.php?mysessionid=<?php print $mysessionid;?>&idu=<?php print $idu;?>';" value="MANAGE USERS"></td></tr>
<tr><td><br/><br/></td></tr>
<?php
}
?>
<tr><td><input type="button" onclick="document.location.href='categories.php?mysessionid=<?php print $mysessionid;?>&idu=<?php print $idu;?>';" value="MANAGE CATEGORIES"></td></tr>
<tr><td><br/><br/></td></tr>
<tr><td><input type="button" onclick="document.location.href='products.php?mysessionid=<?php print $mysessionid;?>&idu=<?php print $idu;?>';" value="MANAGE PRODUCTS"></td></tr>
```

y

<!-- Curso práctico PHP HTML MySQL -->

```
15    <tr><td>SELECT:</td></tr>
16    <tr><td><br/><br/></td></tr>
17    <?php
18  ▼ if ($xlevel=="0") {
19    ?>
20    <tr><td><input type="button" onclick="document.location.href='users.php?mysessionid=<?php print $mysessionid;?>&idu=<?php print $idu;?
      >';" value="MANAGE USERS"></td></tr>
21    <tr><td><br/><br/></td></tr>
22    <?php
23    }
24    ?>
25    <tr><td><input type="button" onclick="document.location.href='categories.php?mysessionid=<?php print $mysessionid;?>&idu=<?php print
      $idu;?>';" value="MANAGE CATEGORIES"></td></tr>
26    <tr><td><br/><br/></td></tr>
27    <tr><td><input type="button" onclick="document.location.href='products.php?mysessionid=<?php print $mysessionid;?>&idu=<?php print
      $idu;?>';" value="MANAGE PRODUCTS"></td></tr>
28
29    <tr><td><br/><br/></td></tr>
30    <tr><td><br/><br></td></tr>
31
32    <tr><td><input type="button" onclick="document.location.href='logout.php?mysessionid=<?php print $mysessionid;?>&idu=<?php print $idu;?
      >';" value="LOGOUT"></td></tr>
33    </table>
34
35    </P>
36
37    <?php
38    include('zz_bottom_inc.php');
39    ?>
40
```

La página muestra cuatro botones para tantos enlaces a diferentes páginas de administración. Un botón te lleva a la página donde gestionaremos los usuarios que pueden acceder al sistema. Otro nos lleva a la página con la que gestionaremos las categorías de productos. Los productos en sí serán administrados por una página especial accesible con el tercer botón. Finalmente, encontramos el botón para cerrar la sesión de la aplicación y desactivar la sesión actual.

Estudiando el código de esta página, notamos que incluye un nuevo archivo php "*utility_inc.php*" y que la ejecución de un bloque de código depende de la ocurrencia de una condición: es decir, si la variable $xlevel$ es igual a 0 o no. Por convención, hemos decidido que el administrador del sistema, el superadministrador, se identifica con un nivel de acceso de 0 (cero). Por lo tanto, cualquier otro nivel posible tendrá un nivel con un número mayor que cero. Estos niveles pueden ser usuarios en consulta solo de los datos, o usuarios que solo pueden gestionar la inserción y / o modificación de productos. En definitiva, depende de cómo tengamos

que estructurar los niveles de acceso para una determinada aplicación. En nuestro caso, los datos se guardarán en la columna "*level*" de la tabla *PHP_course_users*. En algún lugar tendremos que insertar algún código php que deberá recuperar los datos relativos al nivel de usuario y, en base a él, mostrar o no determinadas áreas o funcionalidades de la aplicación.
En nuestro caso, este código se encuentra en el archivo *utility_inc.php* antes mencionado. A través de esta página también realizaremos comprobaciones sobre la validez de la sesión de usuario.

```php
<?php
$idu = $_REQUEST["idu"];
$mysessionid = $_REQUEST["mysessionid"];
$strquery = "idu=$idu&mysessionid=$mysessionid";
if ($mysessionid == "") {
    $idu = 0;
}
else {
    $sql = "select * from PHP_course_logutenti_admin
            WHERE SESSIONID='$mysessionid' AND STATE='1'";
    $resultb1 = mysqli_query($connection,$sql) or die(mysqli_error());
    $esiste1=mysqli_num_rows($resultb1);
    if ($esiste1 > 0) {
        $sqlb = "SELECT * FROM PHP_course_users WHERE iduser=$idu AND active='1'";
        $resultb = mysqli_query($connection,$sqlb) or die(mysqli_error());
        $ValoriRigab1 = mysqli_fetch_array($resultb);
        $xlevel = $ValoriRigab1["level"];
        $xname = $ValoriRigab1["name"];
    }
    else {
        $idu = 0;
    }
}
if ($idu == 0) {
    include_once('zz_top_inc.php');
    print "<font color=\"#cc0000\" size=\"+3\">SESSION EXPIRED!</font><br>";
    print "You need to <a href=\"login.php\">login</a>";
    include('zz_bottom_inc.php');
    exit;
}
?>
```

<!-- Curso práctico PHP HTML MySQL -->

Las líneas 2 y 3 mediante $ _REQUEST[] recuperan los valores de las variables *idu* y *myssessionid*, pasados por la página que llama a través del enlace, en este caso *login.php*, y los asignan a las variables php $idu y $mysessionid. También en este caso, siempre prefiero llamar a los datos que se pasan de una página a otra de la misma manera.

Con la línea 4 creo una variable que es útil cuando tenemos que construir la cadena de consulta para que coincida con los diversos enlaces y que nos permite pasar los parámetros de la sesión. Entonces, en este caso, creamos dos variables de sesión que se verifican cuando se carga cada página: *$idu*, que es la referencia al ID de usuario y *$mysessionid*, que es la referencia a la variable aleatoria creada al comienzo de la sesión a través del login.

La página ahora realiza las comprobaciones necesarias en estas variables: primero compruebe que *$mysessionid* no esté vacío. Si es así, se establece la variable $idu=0. Si, por otro lado, $mysessionid no está vacío, verifique la tabla *PHP_course_logutenti_admin* para ver si su valor pertenece a una sesión activa. De hecho, el SELECT relativo busca si el valor existe en el campo SESSIONID y si el estado está activo, es decir, si el campo STATE es igual a "1". Veremos al analizar el procedimiento de cierre de sesión que el campo STATE se pondrá a cero cuando el usuario, al cerrar sesión, finalice su sesión de trabajo.

Si se encuentran los datos y por tanto hay una sesión activa, el sistema busca información relativa al usuario mediante su ID, que es un identificador único, generado automáticamente a partir de la tabla mysql. Esto se debe a que hemos creado este campo (iduser) con el atributo *auto_increment*.

Para mayor comodidad, informo el código SQL que crea el campo iduser y la tabla PHP_course_users:

```sql
CREATE TABLE `PHP_course_users` (
  `iduser` int(4) NOT NULL auto_increment,
  `name` varchar(250) NOT NULL default '',
  `username` varchar(50) NOT NULL default '',
  `password` varchar(50) NOT NULL default '',
  `active` int(2) NOT NULL default '0',
  `level` int(2) NOT NULL default '1',
  `lastaccess` datetime NOT NULL default '0000-00-00 00:00:00',
  `naccess` int(4) NOT NULL default '0',
  PRIMARY KEY (`iduser`)
) TYPE=MyISAM
```

Después de la búsqueda, creamos las variables $xlevel y $xname que también usaremos en otros archivos, líneas 9 a 20.

Si, por otro lado, no hay una sesión activa, o no se encuentra el mismo valor entre los registros del campo SESSIONID, el código establecerá la variable $idu en 0 (cero), como se muestra en la línea 22.

En este punto, el sistema evalúa el contenido adecuado de la variable $idu. Si es igual a 0 (cero), entonces, como acabamos de ver, la sesión no es válida, se muestra un mensaje de error.

<!-- Curso práctico PHP HTML MySQL -->

En caso de error, solo tenemos que intentar login nuevamente.
Si en cambio aparece el menú, elegiremos el elemento que necesitamos. Comencemos por administrar las *categorías* de los productos que queremos mostrar. Al hacer clic en el botón MANAGE CATEGORIES (administrar categorías), se muestra la lista de categorías ya presentes en la base de datos, específicamente en la tabla *PHP_course_categories*.

GESTIÓN DE CATEGORÍAS

Tomemos la gestión de categorías de nuestra aplicación como ejemplo de gestión de una tabla MySQL. La estructura lógica con la que se construye el archivo servirá de base para todos los casos en los que se realicen operaciones sobre una tabla. De hecho, para la mayoría de las interacciones en un área de back office.

Recomiendo estudiarlo y entenderlo bien. Solo tendremos que cambiar los nombres de las variables, los campos de la tabla en la que estamos trabajando y los nombres de los campos del formulario. Se convertirá en un trabajo semiautomático. Primero debe comprender con precisión el funcionamiento de la página php, su estructura.

Como vemos en la página siguiente, el archivo está compuesto por un control de tipo *switch()* en la variable *$action* y dos funciones *formcategory()*, que crea el formulario para interactuar con el usuario y *list_record()* que muestra una tabla con la datos ya presentes en la base de datos y los comandos para modificarlos o eliminarlos.

Las **funciones** en PHP, y en todos los lenguajes de programación, no son más que bloques de código que pueden recibir datos de entrada, los **argumentos** de la función, realizar operaciones, en el caso de procesar los datos de entrada y devolver el resultado del procesamiento realizado. En nuestro archivo *categories.php*, la función *list_record()* no tiene datos de entrada porque se encarga de recuperar los datos presentes en la base de datos, en la tabla de categorías, con una consulta y presentarlos al navegador en forma de tabla HTML. Los veremos en detalle en las próximas páginas.

<!-- Curso práctico PHP HTML MySQL -->

La estructura de control *switch($action)* de la línea 14 realiza comprobaciones sobre el valor de la variable *$action*. Esta variable proviene del formulario.

```php
1   <?php
2   //****************************************************
3   //AUTHOR: andrea raimondi info--AT--aredit.com
4   //file: manage categories
5   //****************************************************
6   ?>
7   <?php
8   include('zz_top_inc.php');
9   include('utility_inc.php');
10
11  $action = $_REQUEST["action"];
12  $idcategory = $_REQUEST["idcategory"];
13  $category = $_REQUEST["category"];
14  switch ($action) {
88  }
89  ?>
90  <?php
91  ######################################################
92  ##############form category###########################
93  ######################################################
94  function formcategory() {
117 }
118 ######################################################
119 ##############function list categories################
120 ######################################################
121 function list_record() {
182 }
183 ?>
184 <?php
185 //footer;
186 include('zz_bottom_inc.php');
```

El *switch()* tiene los siguientes casos (*case*):
case "modify": se encarga de buscar los datos relacionados con un *record* en particular dentro de la tabla *PHP_course_categories* y luego enviarlos al formulario que los mostrará para eventualmente modificarlos.
case "delete": se encarga de eliminar un *record* de la tabla, posiblemente sea posible realizar comprobaciones antes de la eliminación real del *record*
case "add": se encarga de mejorar algunas variables y enviarlas al formulario para crear un nuevo *record*. En este caso establecemos la variable *$idcategory* en 0 (cero), lo que le dirá al sistema que es un nuevo *record*, cuando los datos se envíen al servidor desde el formulario.
case "save": se encarga de guardar los datos de un *record*. Como veremos, en base al valor de la variable *$idcategory*, el sistema enviará una consulta de tipo INSERT, para crear un nuevo *record*, o de tipo UPDATE, para modificar los datos de un *record* existente. El valor discriminatorio radica en que *$idcategory* es mayor que cero, lo que indica que el *record* se va a modificar, o igual a cero, es decir, que el *record* es nuevo.
case default: es el bloque de código que se ejecuta si no ocurre ninguna de las condiciones que se ven ahora. En nuestro archivo esto sucede cuando el archivo no recibe la variable *$action* o cuando está vacío: por lo tanto cuando llamas desde otra página o desde el menú de inicio, o cuando quieres ver la lista de registros de la tabla en cuestión.

<!-- Curso práctico PHP HTML MySQL -->

Claramente los nombres de las distintas casas son arbitrarios pero siempre es mejor que sean indicativos de lo que contienen, lo mismo ocurre con los nombres de variables y funciones. La estructura de *switch* será la misma para los distintos archivos de gestión de tablas, como en el caso de la gestión de usuarios o productos.
Lo mismo se aplicaría si tuviéramos otras tablas para administrar e interactuar. Lo repito pero es una de las partes más importantes, si no la más importante, en el trabajo de crear un área de back office.
Ahora veamos el código en detalle comenzando por llamar a la página *categories.php* desde el menú inicial. Sigamos el camino de los datos y la lógica que siguen.
Como hemos visto, además de los archivos incluidos como es habitual, se realiza una comprobación del valor de la variable *$action*. Viniendo del menú, este valor no existe, por lo que *switch* ejecutará el código contenido en la sección predeterminada. Esto solo llamará al código contenido en la función *list_record()*.
Recuerde siempre poner **break** al final de cada instrucción de cambio, de lo contrario, el analizador de PHP ejecutará la siguiente instrucción de cambio, como veremos en el *case save*.
La función *list_record()* tiene el propósito de crear una tabla html con los datos recuperados de la tabla *PHP_course_categories* de la base de datos.
Aquí está el código completo de la función *list_record()*.

=== Andrea Mauro Raimondi ===

```php
function list_record() {
    $strmsg = "PRODUCTS CATEGORIES LIST";
    global $idu, $mysessionid, $strquery, $connection;
?>
<script language="javascript">
function del(url) {
    if (confirm("DATA WILL BE DELETED!\nDo you want to continue?")){
        document.location.href=url;
    }
}
</script>
<br>
<table width="100%">
<tr>
<td colspan=8 align=center class="ss"><?php print $strmsg; ?></td>
</tr>
<tr>
<td align=center><a href="menu.php?<?php print $strquery; ?>">[ MENU ]</a>
<a href="<?php print $_SERVER['PHP_SELF'];?>?<?php print $strquery; ?>&action=add">[ NEW RECORD ]</a></td>
</tr>
</table>
<table width="100%" cellspacing=2 cellpadding=0 border=0>
<tr>
<td colspan=8 align=right>
</td>
</tr>
<tr class="titolocampo">
<td>Category</td>
<td> </td>
</tr>
<?php
$bgc1="#cccccc";
$bgc2="#dddddd";
$bgc = $bgc1;
if ($bgc == $bgc1) {
    $bgc = $bgc2;
}
else {
    $bgc=$bgc1;
}
$query = "select * from PHP_course_categories ORDER BY category";
$result = mysqli_query($connection,$query) or die(mysqli_error());
while ($ValoriRiga = mysqli_fetch_array($result)) {
    $idcategory = $ValoriRiga["idcategory"];
    $category = $ValoriRiga["category"];
?>
<tr bgcolor="<?php print $bgc; ?>">
<td><?php print $category; ?></td>
<td align=center>
<?php
print "<a href=\"categories.php?$strquery&idcategory=$idcategory&action=modify\">[ Modify ]</a>
<a href=\"#\" onclick=\"del('categories.php?$strquery&idcategory=$idcategory&action=delete');\">[ Delete ]</a>
";
?>
</td>
</tr>
<?php
}
?>
```

--87--

<!-- Curso práctico PHP HTML MySQL -->

Como cualquier función, el código *list_record()* está entre llaves {…}. No necesita argumentos, o mejor dicho, algunas variables están definidas como **global** y por lo tanto pueden usarse dentro de la función, en términos más precisos el *scope* de una variable marcada como *global* concierne a todo el código en uso y no solo a una parte, cómo puede ser una función. Las variables creadas dentro de una función tienen un *scope* local: su valor solo se puede ver dentro de la propia función. Por lo tanto, la **línea 124** define como *global $idu, $mysessionid, $strquery, $connection*; Bási-

```
147     </tr>
148     <tr class="titolocampo">
149     <td>Category</td>
150     <td> </td>
151     </tr>
152     <?php
153     $bgc1="#cccccc";
154     $bgc2="#dddddd";
155     $bgc = $bgc1;
156     if ($bgc == $bgc1) {
157         $bgc = $bgc2;
158     }
159     else {
160         $bgc=$bgc1;
161     }
162     $query = "select * from PHP_course_categories ORDER BY category";
163     $result = mysqli_query($connection,$query) or die(mysqli_error());
164     while ($ValoriRiga = mysqli_fetch_array($result)) {
165         $idcategory = $ValoriRiga["idcategory"];
166         $category = $ValoriRiga["category"];
167     ?>
168     <tr bgcolor="<?php print $bgc; ?>">
169     <td><?php print $category; ?></td>
170     <td align=center><?php print "<a href=\"$_SERVER['PHP_SELF']?$strquery&idcategory=$idcategory&action=modify\">[
        Modifica ]</a><a href=\"#\" onclick=\"del('categories.php?$strquery&idcategory=$idcategory&action=delete');\">[
        Cancella ]</a>"?></td>
171     </tr>
172     <?php
173     }
174     ?>
175     </table>
176     <?php
177     }
178     ?>
```

camente son las variables de sesión que usamos en todo el área de back office ($idu, $mysessionid, $strquery) y la variable de conexión, *$connection*. En la línea 123 definimos una variable de tipo cadena *$strmsg* = "PRODUCTS CATEGORIES LIST"; que se usará como título para la tabla html en la línea 136. Prefiero usar una variable externa a la tabla porque me permite reutilizarla en

las otras páginas, que en su mayoría son copias de esta, tomadas como modelo. Además, si es necesario, puedo agregar más texto, pasado por cualquier otra variable y concatenarlo al mismo *$strmsg*: $strmsg="$another_var $strmsg";
Las **líneas 126-131** definen un bloque de código javascript que crea una función que se activa cuando se hace clic en el botón de eliminación de un *record*. La función javascript activará una advertencia, una alerta, preguntando al usuario si está seguro de que quiere borrar el *record*. Esta función de javascript también podría insertarse después de la tabla html.

Luego hay dos tablas, la primera, en las **líneas 134-142**, crea una línea con los enlaces para regresar al menú y agregar un nuevo *record*, mientras que la segunda mostrará la tabla html que contiene los datos tomados de la base de datos.

Volviendo a la primera tabla y los enlaces que muestra, este es el enlace utilizado <?php print $_SERVER['PHP_SELF'];?>? <?php print $strquery; ?>&action=add;

<!-- Curso práctico PHP HTML MySQL -->

Como podemos ver, pasas las variables de sesión a través de la variable $strquery (que si recuerdas está definida en el archivo *utility_inc.php*) y la acción que quieres que haga el código de la página que se llama do (en este caso es la misma página, *categories.php*) a través de la variable action de la *query string*. Esta variable es la misma que será tratada por el *switch* visto arriba, precisamente en el *case "add"*: líneas **48-52**.

```php
############ add record ######################################
##############################################################
case "add":
    $idcategory = "0";
    $msg = "NEW CATEGORY";
    formcategory();
    break;
##############################################################
############ save record ######################################
##############################################################
case "save":
    if ($idcategory=="0") { //new category;
        $sql = "insert into PHP_course_categories (category) values ('$category')";
        $result = mysqli_query($connection,$sql);
        if (! $result)
        {
            echo "<b>Record was not inserted!</b>";
        }
        else
        {
            echo "Record added.";
        }
    }
    else { //update record;
        $sql = "update PHP_course_categories set category='$category' where idcategory=$idcategory";
        $result = mysqli_query($connection,$sql);
        if (! $result)
        {
            echo "<b>Record not updated!</b>";
        }
        else
        {
            echo "Record modified.";
        }
    }
    //break; // <------ Note the commented line to make sure to perform the default switch code
##############################################################
############ default: list ####################################
##############################################################
default:
    list();
    break;
```

En la segunda tabla html presente en la función *list_record()* podemos ver cómo se recuperan y muestran los *records* de una tabla MySQL mediante php. En el código de las líneas **162-173** encontramos:

$query = "select * from PHP_course_categories ORDER BY category";
$result = mysqli_query($connection,$query) or die(mysqli_error());

Se crea la variable que contiene el comando SQL *$query*, luego se usa para enviar la consulta a la base de datos a través de la función PHP *mysql_query*, ya vista anteriormente.

Los datos devueltos desde la base de datos se enlazan a través del comando *while* de PHP. Los datos se asignan a la variable $ValoriRiga que es una variable de tipo ***array***, mediante la función PHP *mysqli_fetch_array*, que tiene como argumento el resultado de la consulta enviada anteriormente.

$ValoriRiga = mysqli_fetch_array($result);

El ciclo en esa matriz nos permite definir una variable para cada campo devuelto por la consulta e insertarlo dentro de una celda de la tabla html. Aquí está el código del ciclo *while*:

```
162   $query = "select * from PHP_course_categories ORDER BY category";
163   $result = mysqli_query($connection,$query) or die(mysqli_error());
164   while ($ValoriRiga = mysqli_fetch_array($result)) {
165     $idcategory = $ValoriRiga["idcategory"];
166     $category = $ValoriRiga["category"];
167   ?>
168   <tr bgcolor="<?php print $bgc; ?>">
169   <td><?php print $category; ?></td>
170   <td align=center>
171   <?php
172   print "
173   <a href=\"categories.php?$strquery&idcategory=$idcategory&action=modify\">[ Modify ]</a>
174   <a href=\"#\" onclick=\"del('categories.php?$strquery&idcategory=$idcategory&action=delete');\">[ Delete ]</a>
175   ";
176   ?>
177   </td>
178   </tr>
179   <?php
180   }
```

<!-- Curso práctico PHP HTML MySQL -->

Para cada *record*, se crea una fila de la tabla <tr> </tr> y se muestran el nombre de la categoría y los enlaces para editar el texto y eliminar el registro.

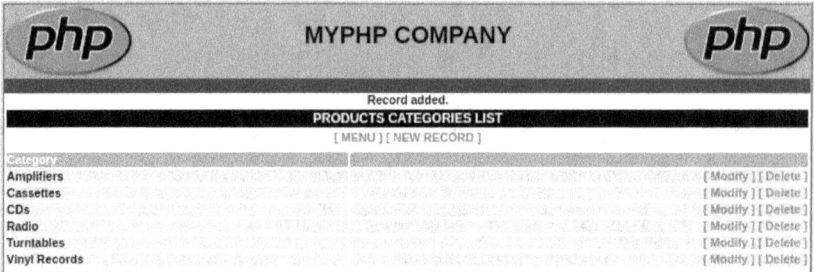

Como puede ver, los dos enlaces tienen respectivamente *action=modify* y *action=delete*: una vez que se haga clic, llevarán a ejecutar el bloque de código correspondiente dentro del interruptor.

```
############## modify record ##########################################
########################################################################
case "modify":
    $query = "select * from PHP_course_categories where idcategory=$idcategory";
    $result = mysqli_query($connection,$query) or die(mysqli_error());
    while ($ValoriRiga = mysqli_fetch_array($result)) {
        $idcategory = $ValoriRiga["idcategory"];
        $category = $ValoriRiga["category"];
    }
    $msg = "MODIFY CATEGORY $category";
    formcategory();
    break;
########################################################################
############## delete record ##########################################
########################################################################
case "delete":
    //N.B. verificare se esistono prodotti nella category.
    $sql = "delete from PHP_course_categories where idcategory=$idcategory";
    $result = mysqli_query($connection,$sql);
    if (! $result)
    {
        echo "<b>The record was not deleted!</b>";
    }
    else
    {
        echo "Record deleted.";
    }
    list_record();
    break;
```

Si el usuario de back office desea eliminar un *record*, hará clic en el enlace "Delete" en la fila correspondiente al *record* a eliminar, el código relativo se encuentra en la *línea 174*. En este punto, se activa la función javascript que se encarga de mostrar un mensaje de alerta:

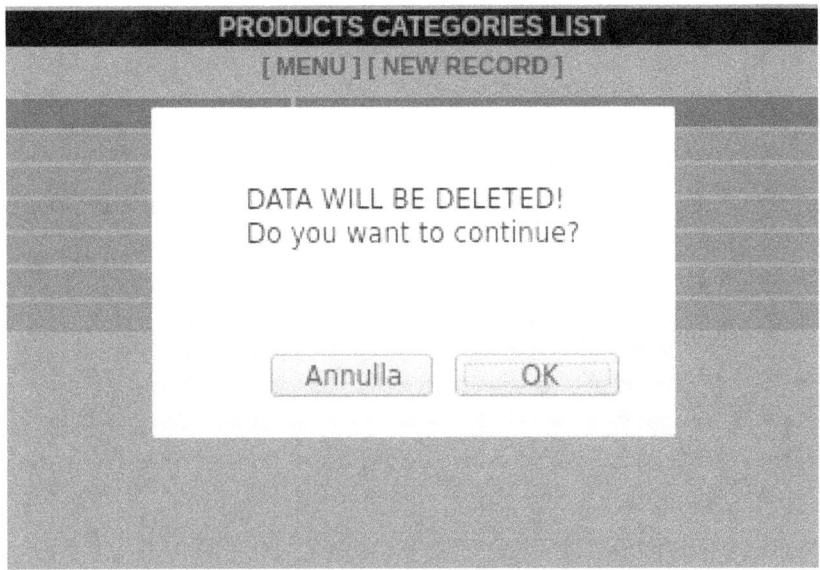

Si el usuario tiene la intención de continuar haciendo clic en el botón "OK", la página continuará con la URL indicada en la función javascript. Si, por el contrario, el usuario no desea continuar con el borrado del registro, al hacer clic en "Cancelar" ("Annulla"), la página quedará con la vista actual, es decir, la lista de *records*.

<!-- Curso práctico PHP HTML MySQL -->

function del(url) {
    if (confirm("DATA WILL BE DELETED!\nDo you want to continue?")){
    document.location.href=url;
    }

```
126  <script language="javascript">
127  function del(url) {
128      if (confirm("DATA WILL BE DELETED!\nDo you want to continue?")){
129      document.location.href=url;
130      }
131  }
132  </script>
```

Como puede ver en el código javascript, el bloque de código debe insertarse entre las etiquetas **<script>** y **</script>**, esto hará que el servidor y el navegador comprendan tratar el contenido como javascript, en este caso.

Usted crea la función, que tiene la misma construcción que PHP, encerrándola entre llaves { }. En este caso, queremos que javascript cree un objeto de confirmación, una ventana de confirmación, mostrando el texto que está entre las comillas dobles. En caso de confirmación por parte del usuario, al hacer clic en el botón "OK", se ejecutará el código que se encuentra entre las llaves de confirmación. En nuestro caso, el navegador será dirigido a la página contenida en la variable url pasada como argumento de la propia función, a la que llamamos *del(url)*. Como se mencionó anteriormente, esta URL no es más que la llamada a la página *categories.php* asando además de las variables de sesión también la variable *action* con valor = *delete*.

Entonces, veamos cómo el código llamado por esta acción de usuario, el bloque de código *switch*, se comporta con *case "delete"*.

A continuación se muestra el código PHP completo: el propósito es eliminar el record de la tabla mediante la referencia única dada por la variable *idcategory* pasada por la *querystring* anterior. Si recuerda, en la tabla *PHP_course_categories*, *idcategory* es un campo único (cada record tiene un valor diferente) de tipo *auto_increment*. Escribimos el código SQL para borrar un *record*, insertándolo en una variable PHP, *$sql*, **línea 33**. Ejecutamos la consulta con la función PHP *mysqli_query* habitual, **línea 34**. Luego evaluamos el resultado de la consulta mediante el valor devuelto por el servidor y almacenado en la variable *$result*. La función devuelve *false* en caso de falla. Por este motivo, la comprobación que realizamos a través de si verifica esta condición, **línea 35**. El operador "!", Significa *not*, es un operador lógico de PHP. En nuestro caso, la expresión significa literalmente: "si $result no es verdadero, entonces ejecuta el siguiente bloque de código". La llamada SQL para eliminar un registro usa el comando *DELETE*, que tiene la siguiente sintaxis*: DELETE from table_name WHERE condición para verificar*.

```
        <!-- Curso práctico PHP HTML MySQL -->
31    case "delete":
32        //N.B. Do we have some products in this category?
33        $sql = "delete from PHP_course_categories where idcategory=$idcategory";
34        $result = mysqli_query($connection,$sql);
35        if (! $result)
36        {
37            echo "<b>The record was not deleted!</b>";
38        }
39        else
40        {
41            echo "Record deleted.";
42        }
43        list_record();
44        break;
```

Si, por el contrario, el usuario desea **modificar un record**, hará clic en el enlace "Modify" correspondiente:

```
173    <a href=\"categories.php?$strquery&idcategory=$idcategory&action=modify\">[ Modify ]</a>
```

como podemos ver, además de las variables de sesión, contenidas en la variable $*strquery*, definida en el archivo incluido *utility_inc.php*, también se enviará la variable *idcategory*, que tendrá como valor el ID único de la tabla relativa a el registro a modificar y la variable *action*, esta vez con el valor *"modify"*. Este enlace conduce a la ejecución del caso del case *"modify"*: de *switch*

```
18    case "modify":
19        $query = "select * from PHP_course_categories where idcategory=$idcategory";
20        $result = mysqli_query($connection,$query) or die(mysqli_error());
21        while ($ValoriRiga = mysqli_fetch_array($result)) {
22            $idcategory = $ValoriRiga["idcategory"];
23            $category = $ValoriRiga["category"];
24        }
25        $msg = "MODIFY CATEGORY $category";
26        formcategory();
27        break;
```

El propósito es simplemente recuperar los valores del record con la *idcategory* deseada y pasar los datos a la función que crea el formulario html. Una vez mostrados dentro de los campos del formulario html, el usuario puede modificar los datos y guardarlos en la tabla de la base de datos. Para ello creamos una variable que contiene el comando SQL, en este caso un SELECT; ejecutamos la consulta en la base de datos y a través de la función *mysqli_fetch_array*, recuperamos los datos y los asignamos a las variables PHP apropiadas que se mostrarán en el formulario html, llamado por la función *formcategory()*. Esta función, como veremos, hace que las variables antes mencionadas sean de tipo global y por tanto puede acceder a ellas incluso si se crea fuera de la propia función. También creamos la variable *$msg*, que contendrá el texto que se mostrará como título del formulario html.

Este es el resultado final antes de la modificación del texto relativo a la categoría "Radio". En cambio, aquí está el código que genera este formulario.

```php
function formcategory() {
  global $idu, $mysessionid, $strquery, $msg;
  global $idcategory, $category;
  ?>
  <table width=400 border=0 cellpadding=0 cellspacing=3 bgcolor="#cccccc">
    <form action="<?php print $_SERVER['PHP_SELF']; ?>" method="post" name="form1">
    <input type="hidden" name="action" value="save">
    <input type="hidden" name="idcategory" value="<?php print $idcategory; ?>">
    <input type="hidden" name="idu" value="<?php print $idu; ?>">
    <input type="hidden" name="mysessionid" value="<?php print $mysessionid; ?>">
    <tr>
      <td colspan=2 class="ss" align=center><?php print $msg; ?></td>
    </tr>
    <tr>
      <td align=right >Category</td>
      <td align=left valign=top><input type="text" size="40" maxlength="100" name="category" value="<?php print $category; ?>"></td>
    </tr>
    <tr>
      <td colspan=2 align=center><input type="submit" name="invia" value="Save"></td>
    </tr>
    </form>
  </table>
  <?php
}
```

<!-- Curso práctico PHP HTML MySQL -->

Como puede ver, la función *formcategory()* tiene el propósito de mostrar una tabla html que formatea un formulario, en este caso que consta solo de un campo, el nombre de la categoría. El campo del formulario es un <input type="text"> el cual tendrá como valor el nombre de la categoría recuperada de la variable cuyo contenido fue encontrado en la base de datos por la operación de *switch* anterior con el *case "modify"*. Es útil nombrar los campos del formulario, mediante el atributo *name*, de la misma forma que hemos llamado a los campos de la tabla: de esta forma sabemos con precisión en qué datos estamos trabajando y qué deben hacer dentro la página y en la aplicación. Las **líneas 100-103** crean algunos campos de tipo *hidden*, estos no serán vistos por el usuario en el formulario, pero permiten enviar datos de "servicio", como por ejemplo, variables de sesión u otros datos útiles para el funcionamiento de la aplicación. En nuestro caso enviamos de esta forma tanto la variable *action*, que tiene valor *"save"*. Esto permitirá que la página php ejecute el bloque de código de *case "save"* de nuestro *switch*.

Una vez que haya cambiado el nombre de la categoría y haga clic en el botón "Save", los datos se enviarán nuevamente a la página *categories.php*, que esta vez ejecutará el bloque de código que se encuentra a continuación:

```php
##########################################################
case "save":
    if ($idcategory=="0") { //new category
        $sql = "insert into PHP_course_categories (category) values ('$category')";
        $result = mysqli_query($connection,$sql);
        if (! $result)
        {
            echo "<b>Record was not inserted!</b>";
        }
        else
        {
            echo "Record added.";
        }
    }
    else { //update record
        $sql = "update PHP_course_categories set category='$category' where idcategory=$idcategory";
        $result = mysqli_query($connection,$sql);
        if (! $result)
        {
            echo "<b>Record not updated!</b>";
        }
        else
        {
            echo "Record modified.";
        }
    }
    //break; // <======= Note the commented line to make sure to perform the default switch code
```

Este bloque de código se divide en dos secciones, según el valor de la variable *$idcategory*. Si esto es igual a cero, *if ($idcategory=="0")*, los datos se agregarán a la tabla porque estamos en el caso de un nuevo record; de lo contrario se procede a modificar los datos relativos al record con *idcategory* igual al valor de la variable $idcategory. En el primer caso la sentencia SQL será de tipo INSERT, en el segundo de tipo UPDATE, respectivamente **líneas 58 y 70**. Observamos la **línea 81**, en la que se ha comentado el comando **break** de *switch*, y por tanto deshabilitado. De esta forma no se detiene la ejecución de las instrucciones de *switch* y se ejecuta la siguiente instrucción en la lista de casos: es decir, se ejecuta la instrucción *default* que llama a la función *list_record()*. Si no ocurrieron errores veremos la línea en la que operamos con los datos modificados. Aquí está la lista con la categoría cambiada de "Radio" a "Vintage Radio":

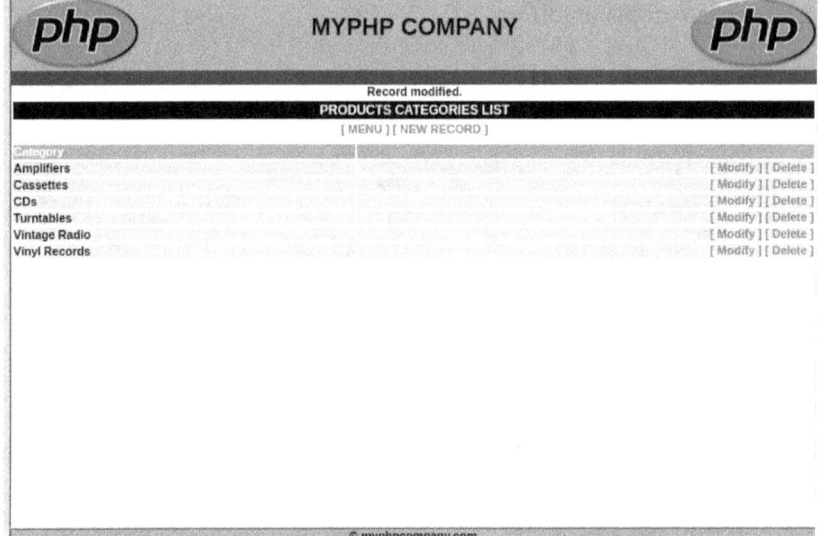

Después de crear las categorías adecuadas para nuestros productos, volvemos al menú principal y seleccionamos el botón de gestión de productos, que vemos en el siguiente capítulo.

GESTIONE PRODOTTI

Por conveniencia, reporto la estructura de la tabla que manejaremos:

CREATE TABLE `PHP_course_products` (
 `idproduct` int(4) NOT NULL auto_increment,
 `idcategory` int(4) NOT NULL default '0',
 `product_name` varchar(255) NOT NULL default '',
 `description` text NOT NULL,
 `quantity` int(4) NOT NULL default '0',
 `price` decimal(10,2) NOT NULL default '0.00',
 `tax` int(2) NOT NULL default '0',
 `img` varchar(250) NOT NULL default '',
 PRIMARY KEY (`idproduct`)
)

Como podemos ver, tenemos que administrar más campos de la tabla, por lo que tendremos un formulario con más campos, incluido el campo *idcategory* que se deriva de la tabla *PHP_course_categories*. En este caso, ese campo se define en una relación de uno a muchos entre las dos tablas: un campo de la tabla *PHP_course_categories* se puede encontrar muchas veces en la tabla *PHP_course_products*. Encontramos campos de tabla de diferentes tipos, como *text, decimal, int, varchar*.

Conceptualmente, la gestión de esta tabla es la misma que se ve para la tabla de categorías. La estructura del archivo .php es similar, los nombres de las variables y los campos relacionados cambiarán claramente. Entonces, simplemente puede copiar el texto

<!-- Curso práctico PHP HTML MySQL -->

del archivo cate *categories.php* en uno nuevo que llamaremos *products.php* y cambiar los nombres de los campos y variables como se dijo.

Obtendremos esta estructura general:

```php
   4  //file: products
   5  //********************************************
   6  ?>
   7  <?php
   8  include('zz_top_inc.php');
   9  include('utility_inc.php');
  10  //recupero valori form
  11  $action = $_REQUEST["action"];
  12  $idproduct = $_REQUEST["idproduct"];
  13  $idcategory = $_REQUEST["idcategory"];
  14  $product_name = $_REQUEST["product_name"];
  15  $description = $_REQUEST["description"];
  16  $quantity = $_REQUEST["quantity"];
  17  $price = $_REQUEST["price"];
  18  $tax = $_REQUEST["tax"];
  19  $img = $_REQUEST["img"];
  20
  21  switch ($action) {
 132  }
 133  ?>
 134  <?php
 135  ##############################################
 136  ###############form products ################
 137  ##############################################
 138  function formproduct() {
 209  }
 210  ##############################################
 211  ############## function list records ########
 212  ##############################################
 213  function list_records() {
 289  }
 290  ?>
 291  <?php
 292  //footer della pagina;
 293  include('zz_bottom_inc.php');
 294  ?>
```

Muy parecido al ya visto.

Entremos en los detalles de las particularidades de la gestión de productos. Una vez que haya hecho clic en el botón de menú "MANAGE PRODUCTS"

llega a la página "products.php" que muestra la lista de productos en la base de datos:

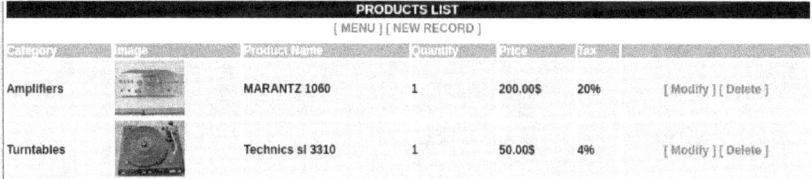

Esta pantalla es el resultado de llamar a la función *list_records()*, que contiene la tabla html poblada con los records encontrados en la base de datos, en la tabla de productos. Puedes verlo en las siguientes páginas:

```
                <!-- Curso práctico PHP HTML MySQL -->

210   function list_records() {
211     $strmsg = "PRODUCTS LIST";
212     global $idu, $mysessionid, $strquery,$connection;
213
214   ?>
215   <script language="javascript">
216   function del(url) {
217       if (confirm("DATA WILL BE DELETED!\nDo you want to continue?")){
218       document.location.href=url;
219       }
220   }
221   </script>
222   <br>
223   <table width="100%">
224     <tr>
225     <td colspan=8 align=center class="ss"><?php print $strmsg; ?></td>
226     </tr>
227     <tr>
228     <td align=center><a href="menu.php?<?php print $strquery; ?>">[ MENU ]</a>
229     <a href="<?php print $PHP_SELF;?>?<?php print $strquery; ?>&action=add">[ NEW RECORD ]</a></td>
230     </tr>
231   </table>
232   <table width="100%" cellspacing=2 cellpadding=0 border=0>
233
234     <tr>
235     <td colspan=8 align=right>
236     </td>
237     </tr>
238     <tr class="titolocampo">
239     <td>Category</td>
240     <td>Image</td>
241     <td nowrap>Product Name</td>
242     <td>Quantity</td>
243     <td>Price</td>
244     <td>Tax</td>
245     <td> </td>
246     </tr>
247   <?php
248     $bgc1="#cccccc";
249     $bgc2="#dddddd";
250     $bgc = $bgc1;
251
252     if ($bgc == $bgc1) {
253       $bgc = $bgc2;
254     }
255     else {
256       $bgc=$bgc1;
257     }
258     $query = "select * from PHP_course_products ORDER BY product_name";
259     $result = mysqli_query($connection,$query) or die(mysqli_error());
260     while ($ValoriRiga = mysqli_fetch_array($result)) {
261         $idproduct = $ValoriRiga["idproduct"];
262         $idcategory = $ValoriRiga["idcategory"];
263         $product_name = $ValoriRiga["product_name"];
264         $description = $ValoriRiga["description"];
265         $quantity = $ValoriRiga["quantity"];
266         $price = $ValoriRiga["price"];
267         $tax = $ValoriRiga["tax"];
268         $img = $ValoriRiga["img"];
269
270         //find category name
271         $sql = "select * from PHP_course_categories where idcategory='$idcategory'";
272         $result2 = mysqli_query($connection,$sql) or die(mysqli_error());
273         $ValoriRiga2 = mysqli_fetch_array($result2);
274         $category_name = $ValoriRiga2["category"];
```

```
265     $quantity = $ValoriRiga["quantity"];
266     $price = $ValoriRiga["price"];
267     $tax = $ValoriRiga["tax"];
268     $img = $ValoriRiga["img"];
269
270     //find category name
271     $sql = "select * from PHP_course_categories where idcategory='$idcategory'";
272     $result2 = mysqli_query($Sconnection,$sql) or die(mysqli_error());
273     $ValoriRiga2 = mysqli_fetch_array($result2);
274     $category_name = $ValoriRiga2["category"];
275     ?>
276     <tr bgcolor="<?php print $bgc; ?>">
277     <td><?php print $category_name; ?></td>
278     <td><img src="../img/<?php print $img; ?>" height="50"></td>
279     <td nowrap><?php print $product_name; ?></td>
280     <td><?php print $quantity; ?></td>
281     <td><?php print $price; ?>$</td>
282     <td><?php print $tax; ?>%</td>
283     <td align=center><?php print "<a href=\"products.php?$strquery&idproduct=$idproduct&action=modify\">[ Modify ]</a> <a href=\"#\" onclick=\"del('prodotti.php?$strquery&idproduct=$idproduct&action=delete');\">[ Delete ]</a>"?>
        </td>
284     </tr>
285     <?php
286     }
287     ?>
288     </table>
289     <?php
290     }
291     ?>
```

Como puede ver, la estructura es la misma que la de la página *categories.php*. Nada nuevo, excepto una nueva llamada a la base de datos para encontrar el nombre de la categoría a la que está asociado el producto, a través del campo $idcategory. Busque el código al que me refiero en las **líneas 271-274**. De esta manera, en lugar de mostrar solo el id de la categoría, podemos hacerla inteligible para el usuario creando una variable especial *$category_name*, **fila 274**, y luego mostrándola dentro de la tabla, **fila 277**. Cada record (cada fila de la tabla html) tiene sus enlaces de comando para editar o eliminar el record, ya visto antes. Analicemos entonces la forma para agregar o modificar un producto. Aquí encontraremos algunas características nuevas en comparación con el formulario utilizado anteriormente para administrar categorías. Incluso si la estructura será la misma, al paginar los campos del formulario con una tabla html adecuada, luego manteniendo los mismos gráficos, tendremos que administrar diferentes tipos de datos. Vea el código php-html de la función *formproduct()* en las siguientes páginas:

```
<!-- Curso práctico PHP HTML MySQL -->
```

```php
function formproduct() {
    global $idu, $mysessionid, $strquery, $msg, $connection;
    global $idproduct, $idcategory, $product_name, $description, $quantity, $price;
    global $tax,$img;
    ?>
    <table width=400 border=0 cellpadding=0 cellspacing=3 bgcolor="#cccccc">
        <form action="<?php print $PHP_SELF; ?>" method="post" name="form1" enctype="multipart/form-data">
        <input type="hidden" name="action" value="save">
        <input type="hidden" name="idproduct" value="<?php print $idproduct; ?>">
        <input type="hidden" name="idu" value="<?php print $idu; ?>">
        <input type="hidden" name="mysessionid" value="<?php print $mysessionid; ?>">
        <input type="hidden" name="img_in_db" value="<?php print $img; ?>">
        <tr>
            <td colspan=2 class="ss" align=center><?php print $msg; ?></td>
        </tr>
        <tr>
            <td align=right >Category</td>
            <td align=left valign=top>
            <select name="idcategory">
            <?php
            $sql = "select * from PHP_course_categories order by category";
            $result = mysqli_query($connection,$sql) or die(mysqli_error());
            while ($ValoriRiga = mysqli_fetch_array($result)) {
                $idcat = $ValoriRiga["idcategory"];
                $cat = $ValoriRiga["category"];
                print"<option value=\"$idcat\">$cat";
            }
            ?>
            </select>
            </td>
        </tr>
        <tr>
            <td align=right >Product Name</td>
            <td align=left valign=top><input type="text" size="40" maxlength="100" name="product_name" value="<?php print $product_name; ?>"></td>
        </tr>
        <tr>
            <td align=right >Image</td>
            <td align=left valign=top><img src="../img/<?php print "$img";?>" height="50"><br><input type="file" name="img" value="<?php print $img; ?>"></td>
        </tr>
        <tr>
            <td align=right>Description</td>
            <td align=left valign=top><textarea name="description" rows=10 cols=40><?php print $description; ?></textarea></td>
        </tr>
        <tr>
            <td align=right>Quantity</td>
            <td align=left valign=top><input type="text" size="10" maxlength="100" name="quantity" value="<?php print $quantity; ?>"></td>
        </tr>
        <tr>
            <td align=right>Price</td>
            <td align=left valign=top><input type="text" size="5" maxlength="19" name="price" value="<?php print $price; ?>"> $</td>
        </tr>
        <tr>
            <td align=right >Tax</td>
            <td align=left valign=top>
                <select name="tax">
                    <option value="4" <?php if($tax=="4"){print " selected";}?>>4%
                    <option value="8" <?php if($tax=="8"){print " selected";}?>>8%
                    <option value="20" <?php if($tax=="20"){print " selected";}?>>20%
                </select>
            </td>
        </tr>
        <tr>
            <td colspan=2 align=center><input type="submit" name="save" value="Save"></td>
        </tr>
        </form>
    </table>
<?php
}
//##########################################################
```

La primera peculiaridad se encuentra como un atributo de la etiqueta <form> de la línea 141: *enctype="multipart/form-data"*. Esta codificación de los datos transmitidos es necesaria cuando se desea enviar un archivo al servidor a través el *method="post"*, como en el formulario en cuestión. De hecho, desplazándose por el código, línea 172, encontrará un *<input type = "file">*, que tiene la tarea de hacer que el usuario elija un archivo de su computadora y lo cargue en una carpeta predefinida en el servidor. Esta carpeta se define en el bloque de código del *switch* que administra la variable *$action* cuando tiene *value=save*. Ahí es cuando llegan los datos del formulario.

También encontramos un nuevo campo de tipo *<input type="hidden">*, **línea 146**, que tiene la función de contener el nombre de cualquier imagen asociada al producto. Lo necesitaremos cuando queramos modificar un record sin cambiar la imagen ya asociada al record en sí.

Las **líneas 153-163** crean un campo de tipo *<select>*, un menú desplegable, que contiene los nombres de las distintas categorías de productos. Toma como *value*, el campo *idcategory* tomado de la *query* realizada en la tabla de la base de datos que contiene las categorías, **filas 155-160**, haciendo un *loop* en el resultado de la consulta en sí. Esta es la forma habitual de presentar *records* de tabla de los que tomar la identificación única.

Finalmente, encontramos un campo de tipo *<textarea> </textarea>*, línea **176**, que contiene el texto de la descripción del producto. Se utiliza en los casos en que se desconoce la longitud del texto que se insertará y se asume que puede ser de cierta extensión; coincide con los campos de la tabla de tipo TEXT.

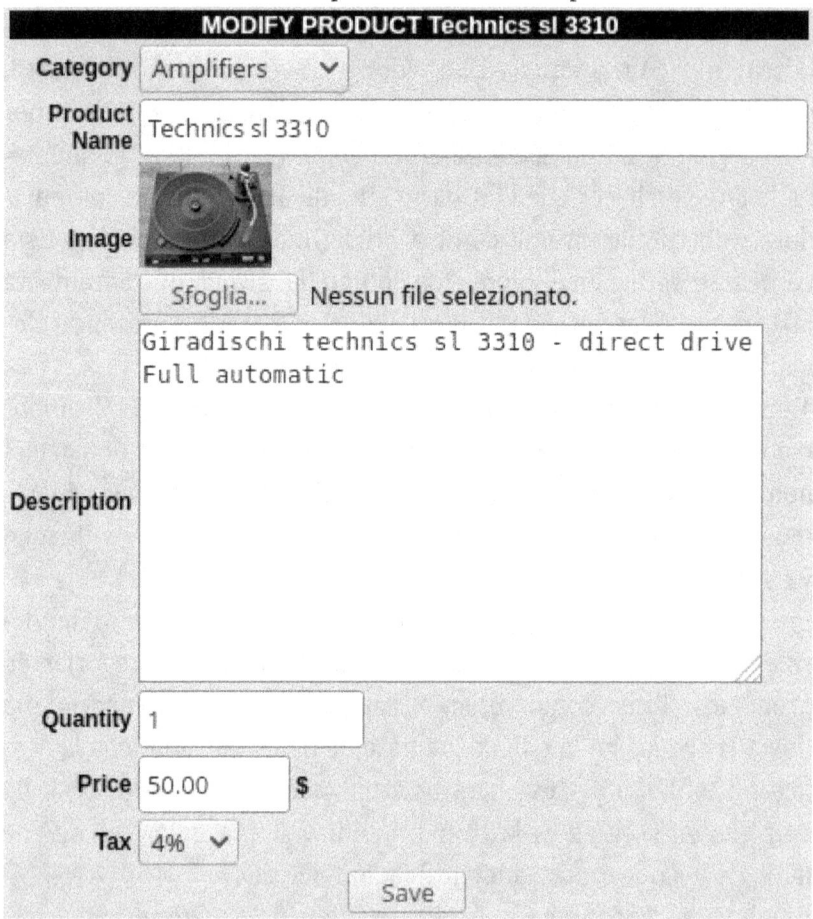

Aquí está el formulario para la gestión de productos en toda su belleza. Como podemos ver, la categoría que se muestra para este artículo no es la correcta. De hecho, el código que encuentras en

las páginas anteriores presenta un problema: no distingue la categoría que ya está asociada a un producto.
Se debe realizar el siguiente cambio simple:

```
159                 $cat = $ValoriRiga["category"];
160         print "<option value=\"$idcat\"";
161         if ($idcategory == $idcat) print " selected ";
162         print ">$cat";
163     }
```

De esta forma, se realiza una comparación entre la variable *$idcategory* que contiene cualquier valor de la categoría ya asignada previamente, con uno de los valores recuperados de la tabla de categorías de la base de datos. Cuando las dos *idcategory* son iguales, procedemos a escribir el atributo *selected* relacionado con esa <option>. Aquí está el formulario después de la modificación: observe cómo ahora se muestra la categoría correcta.

<!-- Curso práctico PHP HTML MySQL -->

Una vez que se hace clic en el botón "Save", los datos se envían al servidor para ser procesados e insertados en la base de datos. Se llamará a la propia página *products.php* y se ejecutará el bloque de código incluido en el *case save* de *switch*.

```php
    case "save":
    {
        if (($_FILES['img']['name'] != "")) {
            $mydate = date("Ymdhs");
            $uploaddir = '../img/';
            $userfile_tmp = $_FILES['img']['tmp_name'];
            $userfile_name = $_FILES['img']['name'];
            $userfile_name = $mydate."_".$idu."_".$idcategory."_".$userfile_name;
            $is_img = getimagesize($_FILES['img']['tmp_name']);
            if (!$is_img) {
                print "Only image please!";
                exit;
            }
            if (move_uploaded_file($userfile_tmp, $uploaddir . $userfile_name)) {
                echo "File sended successfully";
            }else{
                echo "Upload not valid!";
            }
        }
        else {
            if ($_REQUEST["img_in_db"] != "")
            {
                $userfile_name = $_REQUEST["img_in_db"];
            }
        }

        if ($idproduct == "0") { //new product:
            $sql = "INSERT INTO PHP_course_products (idcategory,product_name,description,quantity,price,tax,img)
                values ('$idcategory','$product_name','$description','$quantity','$price','$tax','$userfile_name')";
            $result = mysqli_query($connection,$sql);
            if (! $result)
            {
                echo "<b>Record was not added!</b>";
            }
            else
            {
                echo "Record added.";
            }
        }
        else { //update record;
            $sql = "UPDATE PHP_course_products SET
                idcategory='$idcategory',product_name='$product_name',description='$description',
                quantity='$quantity',price='$price',tax='$tax',img='$userfile_name'
                WHERE idproduct=$idproduct";
            $result = mysqli_query($connection,$sql);
            if (! $result)
            {
                echo "<b>Record not updated!</b>";
            }
            else
            {
                echo "Record modified.";
            }
        }
        //break; // <======= Note the commented line to make sure to perform the default switch code
        ################################################################
```

Las líneas 70-92 gestionan la carga de la imagen al servidor. El código está encerrado en un bloque de código, líneas 70-86, que se ejecuta si el campo del formulario img no está vacío. Observe cómo usamos la variable *superglobal $_FILE['img']['name']*, que es una matriz de elementos cargados para cargar desde la página php en uso. A través de él accedemos a las propiedades del archivo subido como *$_FILES['img']['tmp_name']*, que contiene el nombre del archivo temporal antes de ser guardado. Mediante la función *$is_img = getimagesize($_FILES['img']['tmp_name']);* podemos comprobar si el archivo es de tipo imagen y no un archivo de texto u otro, línea 76. También definimos algunas variables que definen el nombre del archivo para hacerlo único, línea 75, agregando además el usuario id, el 'id de la categoría y una variable que representa el tiempo por segundo cuando se realizó la carga.

Usando la función PHP *move_uploaded_file()*, el archivo se guarda en una carpeta en el servidor. Esta carpeta fue definida por la línea 72 variable *$uploaddir*.

Si, por otro lado, el campo del formulario *img* está vacío, el sistema verifica si el campo *<input hidden="img_in_db">* contiene datos. Si es así, significa que el registro ya había coincidido con una imagen y, por lo tanto, su valor se asigna a la variable *$userfile_name*. Esta variable luego se utilizará en consultas para guardar datos de productos en la base de datos. Fíjese en las líneas 96 y 109.

El procedimiento para verificar y guardar la imagen se realiza antes de guardar los datos en la base de datos. Para este paso utilizamos el mismo modo visto para las categorías: comprobamos el valor de la variable *$idproduct* (anteriormente era *$idcategory*),

<!-- Curso práctico PHP HTML MySQL -->

que es el campo único que determina un producto en este caso o, en general, del único campo de la tabla en la que trabaja. Si el valor es cero, entonces es un nuevo producto para insertar y se emite el comando SQL INSERT, líneas 94-107; si, por el contrario, la variable tiene un valor mayor que cero, entonces los datos se actualizan, a través de la instrucción UPDATE, líneas 108-122.

Por supuesto, antes de ingresar los datos en la base de datos, es posible realizar otras verificaciones, como por ejemplo, verificar si un producto con el mismo nombre ya está presente, o si el precio es un dato numérico, o incluso si todos los campos que consideramos obligatorios han sido cumplimentados.

Hablando de control de datos, puede seguir dos formas: realizar el control en el lado del cliente, a través de funciones javascript, antes de enviar los datos al servidor, o en el lado del servidor. Desde mi punto de vista, los controles del lado del cliente son manipulados más fácilmente por personas mal intencionadas o por aquellos que tienen tiempo que perder, porque muestran la lógica de los controles que se realizan. Mientras que en el lado del servidor esto no sucede. Después de haber visto la gestión de productos, pasemos a la gestión de usuarios, es decir, quién puede acceder al área de back office.

GESTIÓN DE USUARIOS

Esta área de back office le permite administrar el acceso al área en sí. Por lo general, hay dos o más niveles de acceso: nivel de administrador y nivel de usuario. En función de las necesidades de nuestra aplicación, es posible crear y administrar niveles de acceso en función de lo que un tipo de usuario puede o no puede hacer (insertar, modificar, eliminar un record), puede o no puede ver o administrar: el nivel de usuario por ejemplo no ve y no gestiona el área de usuario. En este último caso tendremos que hacer que el código realice comprobaciones sobre el tipo de usuario antes de visualizar determinados datos o determinados enlaces.

En nuestro sistema de ejemplo, planeamos utilizar dos tipos de usuarios: "*admin*" y "*editor*". El tipo de usuario "*editor*" no puede gestionar los usuarios de la aplicación.

Estos son los elementos del menú que ve el usuario "*admin*":

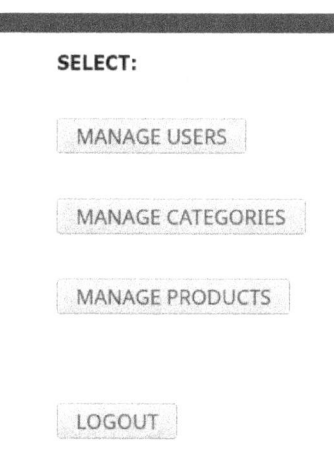

<!-- Curso práctico PHP HTML MySQL -->

Este es el menú para el tipo de usuario "*editor*":

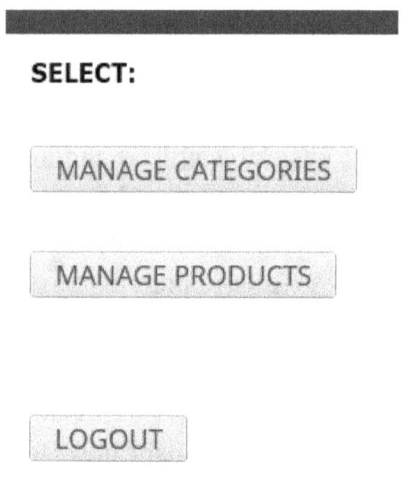

Como puede ver, en este caso falta totalmente el enlace a la gestión de usuarios, a través del botón "MANAGE USERS".
Aquí está el código que verifica el tipo de usuario:

```
16    <tr><td><br/><br/></td></tr>
17    <?php
18    if ($xlevel=="0") {
19    ?>
20    <tr><td><input type="button" onclick="document.location.href='users.php?i
      $idu;?>';" value="MANAGE USERS"></td></tr>
21    <tr><td><br/><br/></td></tr>
22    <?php
23    }
24    ?>
```

Simplemente evalúa el valor de la variable $xlevel, que se crea en el archivo *utility_inc.php*. Si recuerdas este archivo tiene la tarea de verificar el estado de la sesión, a través de las variables $idu y

$mysessionid. La primera variable contiene la referencia al usuario que ha iniciado sesión, de esta forma podemos recuperar todos los datos que hacen referencia a ella, incluido su nivel. Habiendo establecido, por nuestra convención, que el usuario de tipo "admin" tiene nivel 0 (cero) y el usuario de tipo "editor" tiene nivel de tipo "1", es fácil realizar la verificación de la que estamos hablando.

Por lo tanto, solo un usuario "administrador" puede ver la lista de usuarios y realizar operaciones en la tabla relativa *PHP_course_users*. Esta es la lista de usuarios que aparece una vez que hace clic en el elemento de menú correspondiente.

		USERS LIST				
		[MENU] [NEW RECORD]				
Name	Username	Active	Level	Access		
Andrea Raimondi	admin	1	Admin	22	[Modify]	[Delete]
Antonio Rossi	editor	1	Editor	1	[Modify]	[Delete]

En la página siguiente encontrará la estructura del archivo *users.php*, que trata sobre la gestión de interacciones con la tabla *PHP_course_users*. Como ves es idéntico al de las páginas php ya vistas anteriormente, aparte, por supuesto, de las variables y los nombres de los campos del formulario. En resumen, una página php en el área de back office de nuestro sistema tiene esta estructura:

• incluye *header* HTML
• recuperación de variables de cadena de formulario o de query string
• control sobre el valor de la variable *$action* con *switch*
• función de creación de formularios
• función para crear tabla con lista de registros
• incluye footer HTML

```
    <!-- Curso práctico PHP HTML MySQL -->

  6 ?>
  7 <?php
  8 include('zz top inc.php');
  9 include('utility inc.php');
 10 $action = $_REQUEST["action"];
 11 $iduser = $_REQUEST["iduser"];
 12 $name = $_REQUEST["name"];
 13 $username = $_REQUEST["username"];
 14 $password = $_REQUEST["password"];
 15 $active = $_REQUEST["active"];
 16 $level = $_REQUEST["level"];
 17
 18 ▶ switch ($action) {
 98 }
 99 ?>
100 <?php
101 #########################################
102 ############## form users ############
103 #########################################
104 ▶ function formuser() {
151 }
152 #########################################
153 ##############function list users ######
154 #########################################
155 ▶ function list records() {
226 }
227 ?>
228 <?php
229 //page footer;
230 include('zz bottom inc.php');
231 ?>
```

Veamos, a modo de ejercicio de repaso, el detalle del código en esta página.

Comencemos con el grupo de control *switch*

```
18  switch ($action) {
19  ######################################################################
20  ############# modify record ##########################################
21  ######################################################################
22  case "modify":
23      $query = "select * from PHP course users where iduser=$iduser";
24      $result = mysqli_query($connection,$query) or die(mysqli_error());
25      while ($ValoriRiga = mysqli_fetch_array($result)) {
26          $iduser = $ValoriRiga["iduser"];
27          $username = $ValoriRiga["username"];
28          $password = $ValoriRiga["password"];
29          $name = $ValoriRiga["name"];
30          $active = $ValoriRiga["active"];
31          $level = $ValoriRiga["level"];
32      }
33      $msg = "MODIFY USER $name";
34      formuser();
35      break;
36  ######################################################################
37  ############# delete record ##########################################
38  ######################################################################
39  case "delete":
40      $sql = "DELETE FROM PHP course users WHERE iduser=$iduser";
41      $result = mysqli_query($connection,$sql);
42      if (! $result)
43      {
44          echo "<b>The record was not deleted!</b>";
45      }
46      else
47      {
48          echo "Record deleted.";
49      }
50      list_records();
51      break;
52  ######################################################################
53  ############# add record #############################################
54  ######################################################################
55  case "add":
56      $iduser = "0";
```

El código PHP que se ejecuta cuando la variable $*action* es igual a "***modify***" se ocupa de buscar los datos disponibles en la base de datos relativos a un único usuario, identificado a través de la variable $*iduser* . Como puede ver, en la línea 23 se crea la variable $ *query* que contiene el código SQL que se enviará a la base de datos. Observe que la cláusula *where* no incluía la variable $*idu-*

<!-- Curso práctico PHP HTML MySQL -->

ser entre paréntesis. Esto no genera un error siempre que la variable contenga un valor numérico. Si por alguna razón (error de input, intento de hacking) la variable es de otro tipo, la base de datos devolverá un error. Por lo tanto, siempre es mejor poner los valores de una *query* entre apóstrofos. En este caso, sería mejor escribir: *where iduser='$iduser'*. Una vez recuperados los datos de la tabla MySQL, el código imprime el formulario que permitirá al usuario gestionarlos.

Si, por el contrario, $*action* es igual a *"delete"*, el código ejecutará una consulta DELETE, que tiene la función de borrar el record de la base de datos. Si la operación es exitosa, se muestra el mensaje "*Record deleted*", **línea 48**; de lo contrario, se muestra el mensaje "T*he record was not deleted!*", **Línea 44**, junto con la lista de *records* en la tabla recuperada por la función. *list_record()*.

Tanto la modificación como la eliminación de un determinado registro se realiza a través de los enlaces resaltados a continuación.

USERS LIST [MENU] [NEW RECORD]						
Name	**Username**	**Active**	**Level**	**Access**		
Andrea Raimondi	admin	1	Admin	22	[Modify]	[Delete]
Antonio Rossi	editor	1	Editor	1	[Modify]	[Delete]

```
case "add":
    $iduser = "0";
    $msg = "ADD NEW USER";
    formuser();
    break;
##############################################################
##############salva dati#######################################
##############################################################
case "save":
    if ($iduser=="0") { //new user;
        $sql = "INSERT INTO PHP course users (name,username,password,level,active)
            values ('$name','$username','$password',$level,$active)";
        $result = mysqli_query($connection,$sql);
        if (! $result)
        {
            echo "<b>Record was not added!</b>";
        }
        else
        {
            echo "Record added.";
        }
    }
    else { //update record;
        $sql = "update PHP course users set
            name='$name',username='$username',password='$password',
            level='$level',active='$active' where iduser='$iduser'";
        $result = mysqli_query($connection,$sql);
        if (! $result)
        {
            echo "<b>Record not updated!</b>";
        }
        else
        {
            echo "Record modified.";
        }
    }
    //break; // <======= Note the commented line to make sure to perform the defaul
```

Si la variable $*action* tiene el valor "***add***", la aplicación asignará el valor 0 (cero) a la variable $*iduser* y mostrará el formulario en el navegador para permitir la adición de un nuevo usuario.

Si la variable $*action* tiene el valor "***save***", significa que los datos provienen del formulario. De hecho, es la única vez que esta variable toma el valor "*save*". En este caso, como sabemos, tenemos dos posibilidades que son discriminadas por el valor asumido por la variable $*iduser*. Si $*iduser* es igual a 0 (cero) estamos en presencia de un nuevo record para insertar en la tabla. La consulta será por tanto de tipo "INSERT", **línea 65**. Si, por el contrario, $*iduser* es mayor que cero, el record ya está presente en la tabla y es necesario modificarlo. Usaremos la instrucción SQL "UPDATE", **línea 78**.

```
92  ################################################################
93  ############## default: list ###################################
94  ################################################################
95  default:
96      list records();
97      break;
98  }
99  ?>
```

El caso "*default*" ocurre si fallan otras condiciones. En nuestro caso, el procedimiento mostrará la lista de *records* en la tabla *PHP_course_users* en el navegador.

Ahora veamos el código de la función *formuser()* que, como sabemos, muestra el formulario de interacción con los datos del usuario.

```
104 ▼ function formuser() {
105     global $idu, $mysessionid, $strquery, $msg;
106     global $iduser, $name, $username, $password, $level, $active;
107     ?>
108 ▼ <table width=400 border=0 cellpadding=0 cellspacing=3 bgcolor="#cccccc">
109         <form action="<?php print $PHP_SELF; ?>" method="post" name="form1">
110         <input type="hidden" name="action" value="save">
111         <input type="hidden" name="iduser" value="<?php print $iduser; ?>">
112         <input type="hidden" name="idu" value="<?php print $idu; ?>">
113         <input type="hidden" name="mysessionid" value="<?php print $mysessionid; ?>">
114         <tr>
115             <td colspan=2 class="ss" align=center><?php print $msg; ?></td>
116         </tr>
117         <tr>
118             <td align=right >Name</td>
119             <td align=left valign=top>
120                 <input type="text" size="40" maxlength="100" name="name" value="<?php print $name; ?>">
121             </td>
122         </tr>
123         <tr>
124             <td align=right >Username</td>
125             <td align=left valign=top>
126                 <input type="text" size="40" maxlength="100" name="username" value="<?php print $username; ?>">
127             </td>
128         </tr>
129         <tr>
130             <td align=right >Password</td>
131             <td align=left valign=top>
132                 <input type="password" size="40" maxlength="100" name="password" value="<?php print $password; ?>">
133             </td>
134         </tr>
```

Observamos que en la **línea 110** está el campo <input type="hidden"> que valora el campo *action* ión con "**save**". Esto luego se convertirá en la variable $*action*.

```
            <tr>
                <td align=right >Active</td>
                <td align=left valign=top>
                    SI<input type="radio" name="active" value="1" <?php if($active==1"){print " checked";}?>>
                    NO<input type="radio" name="active" value="0" <?php if($active=="0"){print " checked";}?>>
                </td>
            </tr>
            <tr>
                <td align=right >Type</td>
                <td align=left valign=top>
                    <select name="level">
                    <option value="1" <?php if($level=="1"){print " selected";}?>>Editor
                    <option value="0" <?php if($level=="0"){print " selected";}?>>Admin
                    </select>
                </td>
            </tr>
            <tr>
                <td colspan=2 align=center>
                    <input type="submit" name="save" value="Save">
                </td>
            </tr>
            </form>
            </table>
<?php
}
```

Observamos, líneas 138 y 139, un nuevo tipo de <input>, el *type=radio*, que le permite crear campos de opciones mutuamente excluyentes. Esto sucede si todas las entradas de ese tipo tienen el mismo atributo *name*, es decir, si las llamamos con el mismo nombre.

Al hacerlo, el usuario solo puede seleccionar una de las opciones disponibles para ese campo.

Si, por otro lado, necesitáramos permitirle al usuario múltiples opciones, el tipo más adecuado de etiqueta <input> es la que tiene el atributo *type=checkbox* y con el mismo atributo *name* para todas las opciones:

<input type="checkbox" name="color" value="white">White
<input type="checkbox" name="color" value="red">Red
<input type="checkbox" name="color" value="green">Green
<input type="checkbox" name="color" value="blue">Blue
que mostrará:

✓ White   ☐ Red   ✓ Green   ☐ Blue

Todas las opciones se pueden seleccionar al mismo tiempo.

<!-- Curso práctico PHP HTML MySQL -->

PROCEDIMIENTO LOGOUT

Cuando finaliza la sesión de trabajo, es una buena práctica cerrar la sesión del sistema. De esta forma las variables de sesión utilizadas dejarán de ser válidas y se evitará cualquier intento de acceso utilizándolas de forma no autorizada.

Para cerrar sesión, en nuestro caso, seleccione el botón "LOGOUT" en el menú principal.

SELECT:

MANAGE USERS

MANAGE CATEGORIES

MANAGE PRODUCTS

LOGOUT

Esto pasará la acción a la página *logout.php*.

Este es el código de la página *logout.php*

```php
<?php
$_SESSION["alive"] = "0";
include_once('zz_top_inc.php');
if ($mysessionid!="") {
$today = date("Y-m-d H:i:s",time());
$sql = "UPDATE PHP_course_logutenti_admin SET STATE=0,DATALOGOUT='$today' WHERE SESSIONID='$mysessionid'";
$result = mysqli_query($connection,$sql);
//print $sql;
$idu = 0;
}
print "<font color=\"#cc0000\" size=\"+2\">LOGOUT SUCCESSFUL </font> <br>
       To enter the system you must go to <a href=\"login.php\">login page</a>";
include('zz_bottom_inc.php');
exit;
?>
```

Como vemos, líneas 11-15, se actualiza la tabla que realiza un seguimiento de las sesiones *PHP_course_loutenti_admin*, estableciendo el campo *STATE* en 0 (cero) y actualizando la fecha de cierre de sesión con la fecha actual por segundo. Para ello, creamos una variable, a la que llamamos $*today*, que contendrá este valor, mediante la función PHP *date()*. También procedemos a poner a cero la variable $*idu*.

Si recordamos el archivo *utility_inc.php*, realizó una verificación en el campo *STATE* y en la variable $*idu*. Lo informo por conveniencia.

```php
<?php
$idu = $_REQUEST["idu"];
$mysessionid = $_REQUEST["mysessionid"];

$strquery = "idu=$idu&mysessionid=$mysessionid";
if ($mysessionid == "") {
    $idu = 0;
}
else {
    $sql = "select * from PHP_course_logutenti_admin
            WHERE SESSIONID='$mysessionid' AND STATE='1'";
    $resultb1 = mysqli_query($connection,$sql) or die(mysqli_error());
    $sesistel=mysqli_num_rows($resultb1);
    if ($sesistel > 0) {
        $sqlb = "SELECT * FROM PHP_course_users WHERE iduser=$idu AND active='1'";
        $resultb = mysqli_query($connection,$sqlb) or die(mysqli_error());
        $ValoriRigab1 = mysqli_fetch_array($resultb);
        $xlevel = $ValoriRigab1["level"];
        $xname = $ValoriRigab1["name"];
    }
    else {
        $idu = 0;
    }
}
if ($idu == 0) {
    include('zz_top_inc.php');
    print "<font color=\"#cc0000\" size=\"+3\">SESSION EXPIRED!</font><br>";
    print "You need to <a href=\"login.php\">login</a>";
    include('zz_bottom_inc.php');
    exit;
}
```

<!-- Curso práctico PHP HTML MySQL -->

ÁREA PÚBLICA: SITIO WEB

Luego de ingresar categorías y productos a través del área de back office, estamos listos para mostrárselos al público a través de un sitio web. Crearemos una página de inicio sencilla que nos llevará al listado de categorías y una vez que hayas elegido una categoría, veremos los productos relacionados. Para transformar este sitio simple "escaparate", simplemente agregue el carrito, el proceso de checkout y pago. Esta es la página principal.

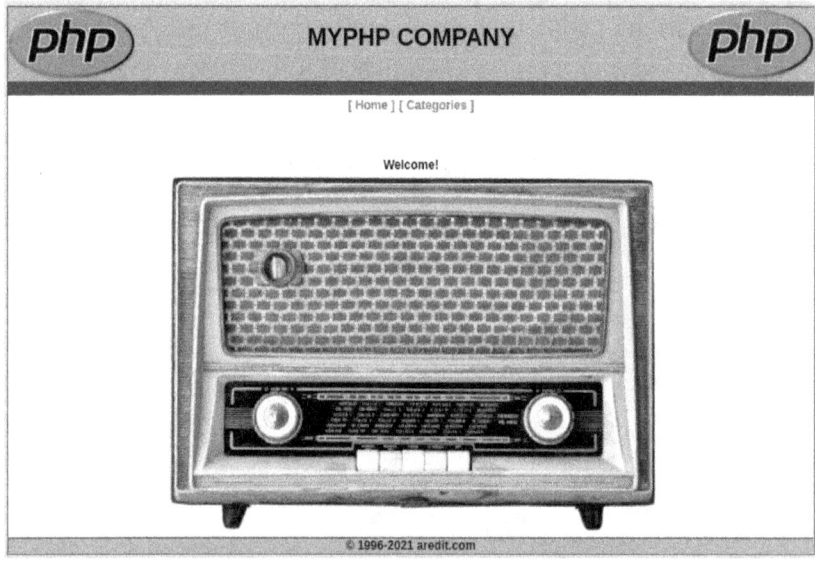

Toda la parte "pública" de la aplicación se encuentra en la carpeta "*public*", para acceder a ella debes seguir el siguiente enlace https://www.aredit.com/public/PHPcourse/catalog/public/

La carpeta "*public*" contiene los siguientes archivos.

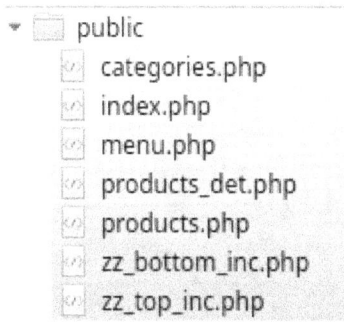

Como puede ver, falta el archivo de conexión a la base de datos: se incluirá en los otros archivos, tomándolo de la carpeta *admin*. De esta forma, si necesitamos mover la base de datos a otro servidor, solo necesitamos cambiar los datos de conexión en un archivo.

El archivo *index.php* tiene esta estructura:

```
    ?>
    <?php
    include('zz_top_inc.php');
    ?>
    |
    <br><br><br>Welcome!<br>
    <a href="categories.php"><img src="../img/vintageradio.jpeg" width=""></a>

    <?php
    //footer della pagina;
    include('zz_bottom_inc.php');
    ?>
```

Encontramos dos archivos de inclusión *zz_top_inc.php*, que define el encabezado del sitio válido para todas las páginas y *zz_bottom_inc.php* que define el pie de página para todas las páginas, con datos de copyright, en nuestro caso. El cuerpo del archivo contiene, además del texto de bienvenida, una imagen en la que

<!-- Curso práctico PHP HTML MySQL -->

se puede hacer clic que envía al visitante a la lista de categorías. Veamos en detalle los archivos incluidos en la página.

```
<!doctype html>
<html>
<head>
<title>...::: MY COMPANY :::...</title>
<meta http-equiv="Content-type" content="text/html; charset=iso-8859-1">
<meta name="author" content="Andrea Raimondi - info--AT--aredit.com">
<meta name="editor" content="Andrea Raimondi">
<meta name="robots" content="noindex">
<link rel="shortcut icon" href="../img/favicon.ico" />
<link rel=StyleSheet href="../css/73160000.css" type="text/css" media=screen>
<style type="text/css">
a:link { color: #ff0000; }
a:active { color: #FFCC00; }
a:visited { color: #FF0000; }
</style></head>
<?php
include_once('../admin/connection_inc.php');
?>
<body>
<center>
<table border=1 cellpadding=0 cellspacing=0 bgcolor="#ffffff">
<tr>
<td>
<table cellspacing=0 cellpadding=0 border=0 width="760" bgcolor="#9999cc">
    <tr>
    <td valign=top><img src="../img/php.gif" border=0 align=absmiddle></td>
    <td valign=top align=center><h1>MYPHP COMPANY</h1></td>
    <td valign=top align=right><img src="../img/php.gif" border=0 align=absmiddle></td>
    </tr>
<tr bgcolor="#333366"><td colspan="3" height=10> </td></tr>
</table>
<table cellspacing=0 cellpadding=0 border=0 width="100%">
<tr>
<td valign=top align=center height=400>
<?php
include_once('menu.php');
?>
```

El código *zz_top_inc.php* además de los encabezados html, crea la tabla html principal, incluye el archivo de conexión tomado de la carpeta *admin* e incluye el archivo que contiene el código html del menú válido para todas las páginas. Mantener los elementos del menú en un archivo separado puede resultar útil si desea cambiar los gráficos del sitio.

En nuestro ejemplo, el archivo *menu.php* simplemente contiene una tabla html que contiene los elementos del menú.

```
1  <table>
2    <tr>
3      <td><a href="./">[ Home ]</a></td>
4      <td><a href="categories.php">[ Categories ]</a></td>
5    </tr>
6  </table>
7
```
menu.php

Una vez en la página de inicio, el visitante puede hacer clic en el enlace "categories", luego seleccionar una categoría que le permitirá ver los productos asociados a ella para terminar con los detalles del producto elegido.

Aquí está la lista de categorías. Como notaremos, el área pública de una aplicación como esta debe mostrar el contenido de la base de datos por lo que usaremos llamadas *SQL SELECT*.

Veamos el código que genera la lista de categorías *public/categories.php*.

```
<!-- Curso práctico PHP HTML MySQL -->
 7  <?php
 8  include('zz_top_inc.php');
 9  ?>
10  <table cellpadding=2 cellspacing=2 border=0>
11  <tr><td height=20><h2>CATEGORIES</h2></td></tr>
12  <?php
13
14  $sql = "select * from PHP_course_categories order by category";
15
16  $result = mysqli_query($connection,$sql) or die (mysqli_error());
17
18  while ($ValoriRiga = mysqli_fetch_array($result)) {
19
20    $idcategory = $ValoriRiga["idcategory"];
21    $category = $ValoriRiga["category"];
22
23    print "<tr><td><a href=\"products.php?idcat=$idcategory\">$category</a></td></tr>";
24  }
25  ?>
26  </table>
27  <?php
28  //footer della pagina;
29  include('zz_bottom_inc.php');
30  ?>
```

La variable $sql contiene el comando SQL que se enviará a la base de datos: con él se buscan todos los datos contenidos en la tabla *PHP_course_categories* y los clasifica por nombre de categoría.

Si no se especifica el **orden de clasificación**, será de tipo **ascendente**. Esto significa, en el caso de ordenar por un campo numérico, del número más bajo al más alto. Si el campo es del tipo cadena (*char, varchar*) la ordenación será alfabética, de la A a la Z. De lo contrario, podemos ordenar los registros encontrados en orden **descendente** usando el comando 'DESC'.

En este caso, la declaración SQL se convertiría en:

*select * from PHP_course_categories order by category DESC*

Los comandos de ordenación son **ASC**, que también es el predeterminado y **DESC** y siempre siguen la cláusula **ORDER BY**, después de indicar el campo a ordenar.

Veamos los efectos de la nueva ordenación en la visualización de records:

Como puede ver, la lista está en orden alfabético inverso, de la Z a la A.

El enlace conduce a la página *products.php*, pasando la variable *idcat* en la querystring que indica la categoría de productos a mostrar, a través del *id* tomado de la base de datos.

```php
?>
<?php
include('zz_top_inc.php');

$idcat = $_REQUEST["idcat"];

$sql = "select * from PHP_course_categories WHERE idcategory='$idcat'";
$result = mysqli_query($connection,$sql) or die (mysqli_error());
$ValoriRiga = mysqli_fetch_array($result);
$category = strtoupper($ValoriRiga["category"]);

?>
```

La variable *idcat* de la querystring se combinará con una variable PHP $*idcat*, como se ve en la **línea 10** de la página php, *products.php*.

Las **líneas 12-16** recuperan el nombre de la categoría de la base de datos y luego lo muestran en la <table> html como encabezado, **línea 19**:

```php
<table cellpadding=2 cellspacing=2 border=0>
<tr><td height=20 colspan="2" align="center">PRODUCTS FOR CATEGORY <?php print "$category";?></td></tr>
<?php
```

<!-- Curso práctico PHP HTML MySQL -->

El código continúa recuperando los productos de la tabla de la base de datos *PHP_course_products*, seleccionándolos por categoría, usando *la* cláusula *SQL WHERE*, **línea 22**. Los registros encontrados se muestran dentro de la <table>, un record por fila.

```
18   <table cellpadding=2 cellspacing=2 border=0>
19     <tr><td height=20 colspan="2" align="center">PRODUCTS FOR CATEGORY <?php print "$category";?></td></tr>
20   <?php
21
22   $sql = "select * from PHP_course_products where idcategory='$idcat' order by product_name";
23   $result = mysqli_query($connection,$sql) or die (mysqli_error());
24   $tot = mysqli_num_rows($result);
25   while ($ValoriRiga = mysqli_fetch_array($result)) {
26   $idproduct = $ValoriRiga["idproduct"];
27   $product_name = $ValoriRiga["product_name"];
28   $img = $ValoriRiga["img"];
29   print "<tr><td><img src=\"../img/$img\" width=\"150\"></td><td><a href=\"products_det.php?idprod=$idproduct\">$product_name</a></td></tr>";
30   }
31   ?>
32   </table>
33   <?php
34   include('zz_bottom_inc.php');
35   ?>
```

Así es como se ve el código que se acaba de analizar.

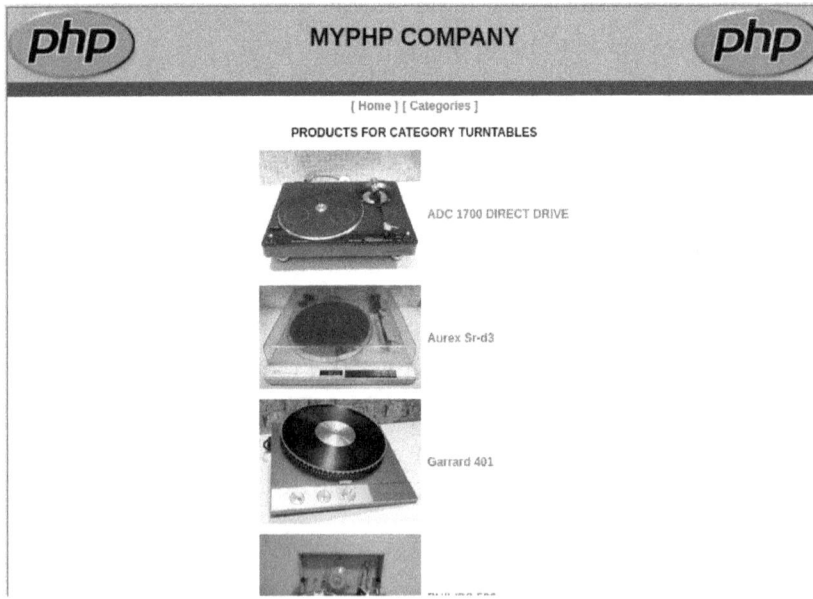

En este punto, el visitante puede seleccionar un producto haciendo clic en el nombre del producto, línea 29. También podemos decidir hacer clic en la imagen que representa el producto. Para ello, debe agregar la etiqueta <a></a> a la etiqueta de imagen <img>:

```
$product_name = $ValoriRiga["product_name"];
$img = $ValoriRiga["img"];
print "<tr><td><a href=\"products_det.php?idprod=$idproduct\"><img src=\"../img/$img\" width=\"150\"></a></td><td><a href=\"products_det.php?idprod=$idproduct\">$product_name</a></td></tr>";
```

Accede a la página de detalles del producto único. Aquí está en toda su belleza vintage:

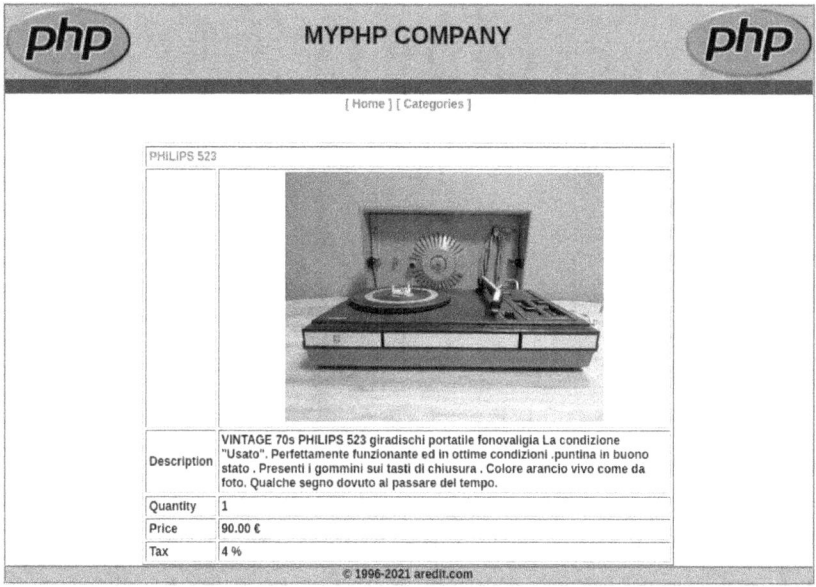

Como lo demuestra el borde hecho visible, la estructura está compuesta por una <table> de dos columnas. Por tanto, cada fila <tr>

<!-- Curso práctico PHP HTML MySQL -->

</tr> tendrá dos <td></td>, lo que le permitirá ver los campos de la tabla *PHP_course_products*. Aquí está el código HTML de *products_det.php*:

```php
    include('zz_top_inc.php');

    $idprod = $_REQUEST['idprod'];
    ?>
    <br><br>
    <table cellpadding=2 cellspacing=2 border=1 width=500>
    <?php

    $sql = "SELECT * FROM PHP_course_products WHERE idproduct='$idprod'";
    $result = mysqli_query($connection,$sql) or die (mysqli_error());
    while ($ValoriRiga = mysqli_fetch_array($result)) {
      $idproduct = $ValoriRiga["idproduct"];
      $idcategory = $ValoriRiga["idcategory"];
      $product_name = $ValoriRiga["product_name"];
      $description = $ValoriRiga["description"];
      $quantity = $ValoriRiga["quantity"];
      $price = $ValoriRiga["price"];
      $tax = $ValoriRiga["tax"];
      $img = $ValoriRiga["img"];

      print "<tr><td colspan=2><a href=\"products.php?idcat=$idcategory\">$product_name</a></td></tr>";
      print "<tr><td></td><td align=\"center\"><img src=\"../img/$img\" width=\"300\"></td></tr>";
      print "<tr><td width=40>Description</td><td>$description</td></tr>";
      print "<tr><td>Quantity</td><td>$quantity</td></tr>";
      print "<tr><td>Price</td><td>$price &euro;</td></tr>";
      print "<tr><td>Tax</td><td>$tax %</td></tr>";
    }
    ?>
    </table>
    <?php
    //footer
    include('zz_bottom_inc.php');
    ?>
```

La instrucción *SQL* es un *SELECT* que busca el record por su ID, *idproduct*. Luego, los valores de campo se asignan a las variables PHP relacionadas. En este caso, podríamos haber evitado usar el bucle *while*, ya que estamos seguros de obtener un solo record de la consulta. En cualquier caso, para acelerar la escritura de una aplicación es más rápido copiar y pegar el código que puede funcionar bien en todos los casos de extracción de datos de una tabla, más allá del número de records.

La programación es una técnica. Saber escribir aplicaciones, pensar en ellas, encontrar soluciones es un arte.

PARTE II

Reutilización de código PHP

<!-- Curso práctico PHP HTML MySQL -->

Durante la vida de una aplicación web, las necesidades pueden cambiar, tanto desde el punto de vista de la funcionalidad como desde el punto de vista gráfico. En el primer caso se trata de agregar nuevo código *php* y html al existente, posiblemente modificando o agregando tablas de la base de datos. En el segundo caso se trata de modificar el código *html* existente.

Una aplicación como la que hemos desarrollado y descrito en este libro puede tener muchas mejoras de funcionalidad: podemos convertirla en un sitio de comercio electrónico, un sitio de subastas, un blog: agregar componentes y módulos relacionados como un carrito de compras, un sistema de pago, formularios de interacción de visitantes, formularios de comentarios, adquisición de datos de clientes.

Nos concentraremos en esta segunda parte en la modificación desde el punto de vista gráfico, para acercarla al gusto actual.

Este trámite puede requerir la intervención de un diseñador gráfico especializado en la web, quien proporcionará el nuevo código HTML y CSS relacionado y cualquier javascript, o podemos encontrar recursos gráficos en la web para comprar o de forma gratuita. Elegimos la segunda hipótesis y realizamos una búsqueda de *template html 5 free* .

Necesitaremos plantillas tanto para la parte del sitio público como para el área de back office. Vea, en la página siguiente, el resultado que se presenta en febrero de 2021 con respecto a esta investigación. La investigación puede llevar mucho tiempo, especialmente en evaluar si los gráficos propuestos y la estructura de las páginas se ajustan a nuestras necesidades y gustos.

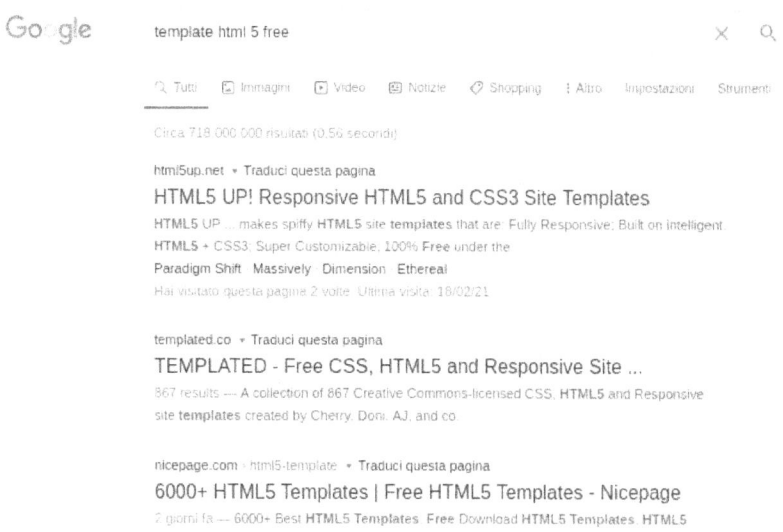

Después de algunas comprobaciones, decidimos utilizar el tema proporcionado por *https://templatemo.com* para la parte pública de la aplicación. y para la parte de back office https://adminlte.io/

<!-- Curso práctico PHP HTML MySQL -->

y para el back office:

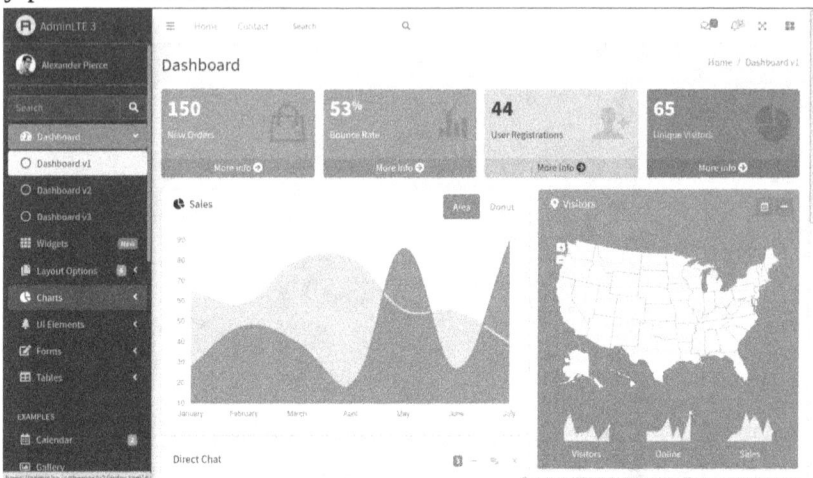

Ahora se trata de adaptar el código HTML de las *templates*, dinamizarlo a través del código PHP.

Después de descargar las *templates* y posiblemente descomprimir los archivos .zip, copiamos las carpetas al espacio de trabajo y procedemos a cargar los archivos en el servidor web.

NUEVOS GRÁFICOS PARA EL ÁREA PÚBLICA

Para el público se trata de mantener las mismas funcionalidades: lista de categorías de productos, lista de productos en una categoría determinada y detalle de producto.

Mirando el código de las distintas páginas HTML que componen el *template*, notamos que define entre áreas principales: una para el encabezado, otra para el contenido de la página y otra para el pie de página.

```html
<!DOCTYPE html>
<html lang="en">
<head>
    <meta charset="UTF-8">
    <meta name="viewport" content="width=device-width, initial-scale=1.0">
    <title>Catalog-Z About page</title>
    <link rel="stylesheet" href="css/bootstrap.min.css">
    <link rel="stylesheet" href="fontawesome/css/all.min.css">
    <link rel="stylesheet" href="css/templatemo-style.css">
</head>
<body>
    <!-- Page Loader -->
    <div id="loader-wrapper">
        <div id="loader"></div>
        <div class="loader-section section-left"></div>
        <div class="loader-section section-right"></div>
    </div>
    <nav class="navbar navbar-expand-lg">
        <div class="container-fluid">
            <a class="navbar-brand" href="index.html">
                <i class="fas fa-film mr-2"></i>
                Catalog-Z
            </a>
            <button class="navbar-toggler" type="button" data-toggle="collapse" data-target="#navbarSupportedContent" aria-controls="navbarSupportedContent" aria-expanded="false" aria-label="Toggle navigation">
                <i class="fas fa-bars"></i>
            </button>
            <div class="collapse navbar-collapse" id="navbarSupportedContent">
                <ul class="navbar-nav ml-auto mb-2 mb-lg-0">
                    <li class="nav-item">
                    </li>
                </ul>
            </div>
        </div>
    </nav>

    <div class="tm-hero d-flex justify-content-center align-items-center" data-parallax="scroll" data-image-src="img/hero.jpg"></div>

    <div class="container-fluid tm-mt-60">
        <div class="row mb-4">
            <h2 class="col-12 tm-text-primary">
                About Catalog-Z Website Template
            </h2>
        </div>
        <div class="row tm-mb-74 tm-row-1640">
            <div class="col-lg-5 col-md-6 col-12 mb-3">
                <img src="img/about.jpg" alt="Image" class="img-fluid">
            </div>
            <div class="col-lg-7 col-md-6 col-12">
                <div class="tm-about-img-text">
                    <p class="mb-4">
                        You may support TemplateMo website by making <a href="https://paypal.me/templatemo" target="_parent" rel="sponsored">a small contribution</a> via PayPal. This will be helpful for us. We hope you like this Catalog-Z photo / video template for your website. We are making new templates regularly for you. Please come back and visit our <a rel="sponsored" href="https://templatemo.com" target="_parent">TemplateMo website</a> again. </p>
                    <p>
                        Credits go to Pexels and Unsplash for photos and video used in this template. Catalog-Z is free <a rel="sponsored" href="https://v5.getbootstrap.com/">Bootstrap 5</a> Alpha 2 HTML Template designed for video and photo websites.</p>
```

```html
        </div>
      </div> <!-- container-fluid tm-container-content -->

    <footer class="tm-bg-gray pt-5 pb-3 tm-text-gray tm-footer">
      <div class="container-fluid tm-container-small">
        <div class="row">
          <div class="col-lg-6 col-md-12 col-12 px-5 mb-5">
            <h3 class="tm-text-primary mb-4 tm-footer-title">About Catalog-Z</h3>
            <p>Catalog-Z is free Bootstrap 5 Alpha 2 HTML Template for video and photo websites. You can 
            freely use this TemplateMo layout for a front-end integration with any kind of CMS 
            website.</p>
          </div>
          <div class="col-lg-3 col-md-6 col-sm-6 col-12 px-5 mb-5">
            <h3 class="tm-text-primary mb-4 tm-footer-title">Our Links</h3>
            <ul class="tm-footer-links pl-0">
              <li><a href="#">Advertise</a></li>
              <li><a href="#">Support</a></li>
              <li><a href="#">Our Company</a></li>
              <li><a href="#">Contact</a></li>
            </ul>
          </div>
```

Hasta la línea 47 encontramos el código de la *cabecera*, que se repite en cada página. Las líneas 48-132 forman la parte central de la página, donde insertaremos el contenido. La línea 132 comienza el pie de página.

Con la versión 5 de HTML, se han introducido nuevas TAG que definen el diseño, como <footer> </footer> o <nav> </nav>, que define un área para el encabezado o menú. Con el tiempo, será natural buscar repeticiones en el código y encontrar formas de evitarlas. En este caso, es casi natural crear un archivo para el encabezado y otro para el pie de página.

Básicamente estamos repitiendo lo que ya hemos hecho para la primera versión de la aplicación, creando dos archivos que llamaremos *zz_top.php* y *zz_footer.php*. También crearemos un archivo de "plantilla" que se utilizará para las distintas páginas del sitio y que incluirá los otros dos archivos.

La lógica general al crear archivos de inclusión que representan partes de una página web es buscar elementos comunes a todas las páginas (o a tantas páginas como sea posible). De esta forma, ante cualquier cambio que se produzca, bastará con intervenir en

un solo *file*. Es necesario aprender a encontrar similitudes y diferencias en una estructura HTML, como en este caso.
Observamos en la parte del archivo *zz_top.php*, que se muestra a continuación, la adición del archivo de conexión *connection_inc.php*, ubicado en la carpeta *admin*, línea 11.

```html
<!-- Curso práctico PHP HTML MySQL -->
<!DOCTYPE html>
<html lang="en">
<head>
    <meta charset="UTF-8">
    <meta name="viewport" content="width=device-width, in:
    <title>AREdit.com = PHP Course</title>
    <link rel="stylesheet" href="css/bootstrap.min.css">
    <link rel="stylesheet" href="fontawesome/css/all.min.c
    <link rel="stylesheet" href="css/templatemo-style.css'
    <?php
    include('../admin/connection_inc.php');
    global $connection;
    ?>
</head>
<body>
    <!-- Page Loader -->
    <div id="loader-wrapper">
        <div id="loader"></div>

        <div class="loader-section section-left"></div>
        <div class="loader-section section-right"></div>

    </div>
    <nav class="navbar navbar-expand-lg">
        <div class="container-fluid">
            <a class="navbar-brand" href="index.php">
                <i class="fas fa-film mr-2"></i>
                MyPHP Company
            </a>
```

Observamos en las líneas 7-9 los archivos **css** incluidos en el proyecto. El desarrollo de la web, gracias al aumento de la velocidad de las conexiones y dispositivos disponibles, ha propiciado la expansión de las capacidades de los navegadores y sistemas conectados a ellos, mejorando las capacidades gráficas y funcionales. Y ha llevado a un fuerte desarrollo en el uso de css y javascript que han hecho posible crear código html que se puede usar simultáneamente en dispositivos con pantallas de diferentes tamaños, simplificando también la construcción de las páginas, con la introducción de nuevas TAG HTML, como se menciona en precedencia. Esto ha llevado, entre otras cosas, a un uso masivo, en la construcción de las páginas de la etiqueta <DIV></DIV>, cuya apariencia y comportamiento está regido por las clases css, impuestas sobre ella, como se puede apreciar claramente. estudiando el código HTML de estas nuevas páginas. Aquí está la parte final del archivo *zz_footer.php*:

```
            <li class="mb-2"><a href="https://facebook.com"><i class="fab fa-facebook"></i></a><
            <li class="mb-2"><a href="https://twitter.com"><i class="fab fa-twitter"></i></a></l
            <li class="mb-2"><a href="https://instagram.com"><i class="fab fa-instagram"></i></a
            li>
            <li class="mb-2"><a href="https://pinterest.com"><i class="fab fa-pinterest"></i></a
            li>
          </ul>
          <a href="#" class="tm-text-gray text-right d-block mb-2">Terms of Use</a>
          <a href="#" class="tm-text-gray text-right d-block">Privacy Policy</a>
        </div>
      </div>
      <div class="row">
        <div class="col-lg-8 col-md-7 col-12 px-5 mb-3">
          Copyright 2020 <a href="https://www.aredit.com">AREdit.com</a>. All rights reserved.
        </div>
        <div class="col-lg-4 col-md-5 col-12 px-5 text-right">
          Designed by <a href="https://templatemo.com" class="tm-text-gray" rel="sponsored"
            target="_blank">TemplateMo</a><br>
          Modified by <a href="https://www.aredit.com" class="tm-text-gray" rel="sponsored"
            target="_blank">Andrea Raimondi</a>
        </div>
      </div>
    </div>
  </footer>

  <script src="js/plugins.js"></script>
  <script>
    $(window).on("load", function() {
      $('body').addClass('loaded');
    });
  </script>
</body>
</html>
```

`<!-- Curso práctico PHP HTML MySQL -->`

En este caso, no hay adiciones de código PHP. Sin embargo, tenga en cuenta la inclusión, a través de las etiquetas <script></script>, de los archivos y funciones javascript. En las plantillas, a menudo encontrará archivos javascript incluidos al final de la página. Estos usualmente (2021) usan bibliotecas javascript, es decir, un conjunto de funciones javascript que, al interactuar entre sí, le permiten obtener efectos o funcionalidad de elementos HTML, de lo contrario disponibles solo escribiendo mucho código javascript y css. El más utilizado por el momento es **JQuery**.

El consejo, especialmente si eres un principiante, es buscar plantillas lo más cercanas a lo que quieres que sea y que aparezca tu aplicación, para evitar tocar tanto los archivos css como el código javascript.

En nuestro caso, el código PHP se agregará principalmente en archivos que interactúan con la base de datos. Aquí está la estructura de la nueva carpeta *public*, donde puede ver tanto los archivos .html originales como los nuevos archivos .php:

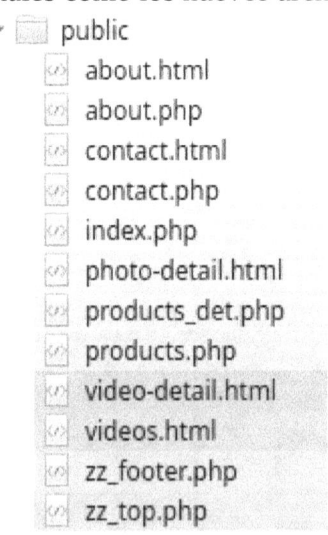

Para nuestra aplicación web no necesitamos todos los archivos html que tenía la plantilla que hemos elegido, por lo que algunos archivos no tendrán el archivo .php correspondiente. Los archivos principales son los mismos que los de la aplicación original: index.php, products.php, products_det.php. Hemos guardado y transformado en archivos php, para mantener la consistencia de la plantilla, otras páginas, como about.php y contact.php. Así es como se ve la nueva *home page*.

<!-- Curso práctico PHP HTML MySQL -->

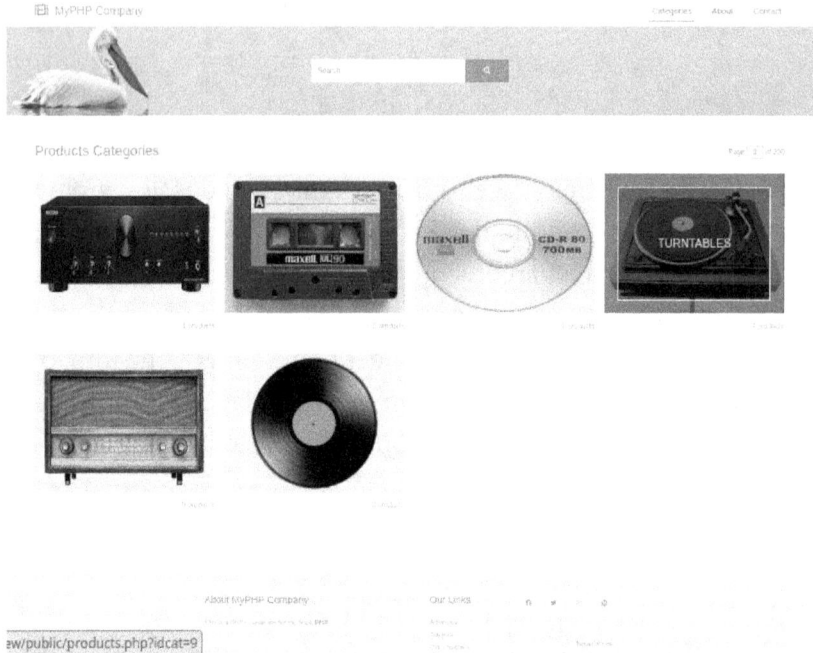

Esta página muestra la lista de categorías, a las que se ha combinado una imagen descriptiva. Para ello, se ha añadido un campo a la tabla que contiene los datos relativos a las categorías y se ha añadido el código PHP para poder ser gestionado por el usuario en el área de back office, como veremos más adelante. También se ha activado la búsqueda entre los productos en la base de datos, utilizando el formulario ya presente en el encabezado de la plantilla. Aquí está el código *index.php*

=== Andrea Mauro Raimondi ===

```php
<?php
include("zz_top.php");
?>
<div class="container-fluid tm-container-content tm-mt-60">
    <div class="row mb-4">
        <h2 class="col-6 tm-text-primary">
            Products Categories
        </h2>
        <div class="col-6 d-flex justify-content-end align-items-center">
            <form action="" class="tm-text-primary">
                Page <input type="text" value="1" size="1" class="tm-input-paging tm-text-primary">
            </form>
        </div>
    </div>
    <div class="row tm-mb-90 tm-gallery">

    <?php

    $sql = "select * from PHP_course_categories order by category ASC";

    $result = mysqli_query($connection,$sql) or die (mysqli_error());

    while ($ValoriRiga = mysqli_fetch_array($result)) {

    $idcategory = $ValoriRiga["idcategory"];
    $category = $ValoriRiga["category"];
    $img = $ValoriRiga["img"];

    $sql2 = "SELECT * FROM PHP_course_products WHERE idcategory='$idcategory'";
    $result2 = mysqli_query($connection,$sql2) or die (mysqli_error());
    $total_products = mysqli_num_rows($result2);
    ?>
        <div class="col-xl-3 col-lg-4 col-md-6 col-sm-6 col-12 mb-5">
            <figure class="effect-ming tm-video-item">
                <img src="../../img/<?php print "$img";?>" alt="Image" class="img-fluid">
                <figcaption class="d-flex align-items-center justify-content-center">
                    <h2><?php print "$category";?></h2>
                    <a href="products.php?idcat=<?php print "$idcategory";?>">View more</a>
                </figcaption>
            </figure>
            <div class="d-flex justify-content-between tm-text-gray">
                <span class="tm-text-gray-light"> </span>
                <span><?php print "$total_products";?> products</span>
            </div>
        </div>
    <?php
    }
    ?>
    </div> <!-- row -->
    <!-- <div class="row tm-mb-90">
        <div class="col-12 d-flex justify-content-between align-items-center tm-paging-col">
            <a href="javascript:void(0);" class="btn btn-primary tm-btn-prev mb-2 disabled">Pr
            <div class="tm-paging d-flex">
                <a href="javascript:void(0);" class="active tm-paging-link">1</a>
                <a href="javascript:void(0);" class="tm-paging-link">2</a>
                <a href="javascript:void(0);" class="tm-paging-link">3</a>
                <a href="javascript:void(0);" class="tm-paging-link">4</a>
            </div>
            <a href="javascript:void(0);" class="btn btn-primary tm-btn-next">Next Page</a>
        </div>
    </div> -->
</div> <!-- container-fluid, tm-container-content -->
<?php
include("zz_footer.php");
?>
```

<!-- Curso práctico PHP HTML MySQL -->

El bloque de código de encabezado y el bloque de código de pie de página se han eliminado del archivo original y se han reemplazado por las inclusiones del archivo php. Se han eliminado los elementos que contenían las imágenes del archivo original, quedando solo uno como plantilla, que se muestra en las líneas 33-45. Se ha comentado parte del código HTML que no era necesario, líneas 50-61. En este punto, todo lo que queda es agregar el código php y obtenerlo del archivo anterior. La única diferencia es la adición del campo *img*, que contiene la imagen relativa a la categoría de producto y una consulta, líneas 29-31, para obtener el número de productos de cada categoría, que se mostrará debajo de la imagen, línea 43. Para Para ello utilizamos la función PHP *mysqli_num_rows()*, que toma el resultado de una consulta como argumento y devuelve el número de *records* de la consulta en sí. Con el bucle *while* en la línea 23 obtenemos la lista de records, en este caso las categorías, y los mostramos formateándolos según lo configurado por la plantilla. Como se puede ver en la imagen de la página de inicio, cuando el puntero del mouse se coloca en una categoría, aparece el nombre de la misma y se puede hacer clic en la imagen. No sabemos nada de este efecto, obtenido con CSS, por el momento, y también podemos evitar saberlo, salvo que tengamos que intervenir para modificar el efecto en sí o en caso de un mal funcionamiento. La explicación de CSS avanzado está más allá del alcance de este libro, por lo que estamos contentos de verificar que el efecto está ahí y que funciona.

Al hacer clic en la imagen de la categoría, se muestra la lista de productos relacionados: es el archivo *products.php* que habíamos creado gráficamente en la versión más antigua.

Tenga en cuenta la cantidad de productos existentes para la categoría "Turntables", "Tocadiscos".
Como podemos ver en la imagen de la página web relativa a la lista de productos en la categoría "Turntables", gráficamente es similar a la lista de categorías que vimos para la página de inicio.
De hecho, solo sería cuestión de reemplazar la consulta, buscando ya no en la tabla *PHP_course_categories*, sino en *PHP_course_products*.

<!-- Curso práctico PHP HTML MySQL -->

En este caso, sin embargo, veamos cómo usar un fragmento de código PHP que hace la llamada a la base de datos, cambiando **dinámicamente** la consulta utilizada.

La razón viene dada por el hecho de que hemos decidido utilizar el formulario de búsqueda en la plantilla, para permitir que los visitantes del sitio realicen búsquedas directas entre los productos.

```php
<?php
include("zz_top.php");

$idcat = $_REQUEST["idcat"];
$search = $_REQUEST["search"];

if ($idcat != "") {
    $sql = "select * from PHP_course_categories WHERE idcategory='$idcat'";
    $result = mysqli_query($connection,$sql) or die (mysqli_error());
    $ValoriRiga = mysqli_fetch_array($result);
    $category = strtoupper($ValoriRiga["category"]);

    $sql = "select * from PHP_course_products where idcategory='$idcat' order by product_name";
}
if ($search != "") {
    $sql = "select * from PHP_course_products where product_name like '%$search%' order by product_name";
}
?>
<div class="container-fluid tm-container-content tm-mt-60">
    <div class="row mb-4">
        <h2 class="col-6 tm-text-primary">
            Products for <?php print "$category";?>
        </h2>
        <div class="col-6 d-flex justify-content-end align-items-center">
            <form action="" class="tm-text-primary">
                Page <input type="text" value="1" size="1" class="tm-input-paging tm-text-primary"> of 200
            </form>
        </div>
    </div>
    <div class="row tm-mb-08 tm-gallery">
```

Analicemos el código inicial de *products.php*, luego de la inclusión habitual de *zz_top.php*, recuperamos el valor de dos variables de la *querystring*: una corresponde al ID de categoría que nos llega desde el enlace de la imagen de categoría en home page. El otro representa el valor del campo <input> del formulario que encontramos en todas las páginas, porque está ubicado en el archivo *zz_top.php*.

```
<div class="tm-hero d-flex justify-content-center align-items-center" data-parallax="scroll" data-image-
    src="img/hero.jpg">
    <form class="d-flex tm-search-form" method="post" action="products.php">
51      <input class="form-control tm-search-input" name="search" type="search" placeholder="Search" aria-
        label="Search">
        <button class="btn btn-outline-success tm-search-btn" type="submit">
            <i class="fas fa-search"></i>
        </button>
    </form>
</div>
```

Resalte el nombre de la etiqueta <input> que pertenece al <form> del archivo *zz_top.php*.

De la línea 7 a la línea 20 hay dos estructuras condicionales de tipo if.

La primera línea 7 a la línea 15 comprueba si la variable $idcat no está vacía. Si no es así, primero buscamos en la tabla *PHP_course_categories* el nombre de la categoría y lo asignamos a la variable $*categoría*, se usará en el resto de la página para mostrar la categoría de la que forman parte los productos mostrados, línea 25. Nosotros luego cree la variable $*sql* que contiene la declaración SQL que se enviará a la base de datos para obtener el *recordset* con la lista de productos, línea 13.

La segunda sentencia **if** comprueba si la variable $*search* no está vacía, si no lo está, creamos la sentencia SQL para buscar productos que coincidan con el término de búsqueda, siempre con la variable $*sql*. Básicamente, la variable $*sql* toma un valor diferente según lo que necesitamos obtener de la base de datos.

Entonces $*sql* es usado por la función PHP usual que ejecuta la consulta: *mysqli_query()*, línea 36. Este es un ejemplo de uso dinámico de una variable basada en nuestras necesidades. El resultado será el mismo, es decir, una lista de productos, pero los productos mostrados serán diferentes.

Aquí está la declaración SQL utilizada para la consulta basada en el término de búsqueda del visitante:

<!-- Curso práctico PHP HTML MySQL -->

*$sql = "select * from PHP_course_products **where** product_name **LIKE** '%$search%' order by product_name"*;

El elemento de novedad en esta declaración viene dado por la cláusula *where* que no utiliza una búsqueda de un término exacto en el campo en cuestión (product_name) sino que, mediante la declaración **LIKE**, busca la ocurrencia de la cadena dentro del campo mismo. De esta forma conseguimos una búsqueda más amplia. Si un visitante escribe, por ejemplo, "tec", se mostrarán los productos que contienen la cadena "**tec**" en el nombre: "**tec**nics", "audio**tec**nica", "visio**tec**h" (siempre que haya productos con ese nombre en el base de datos).

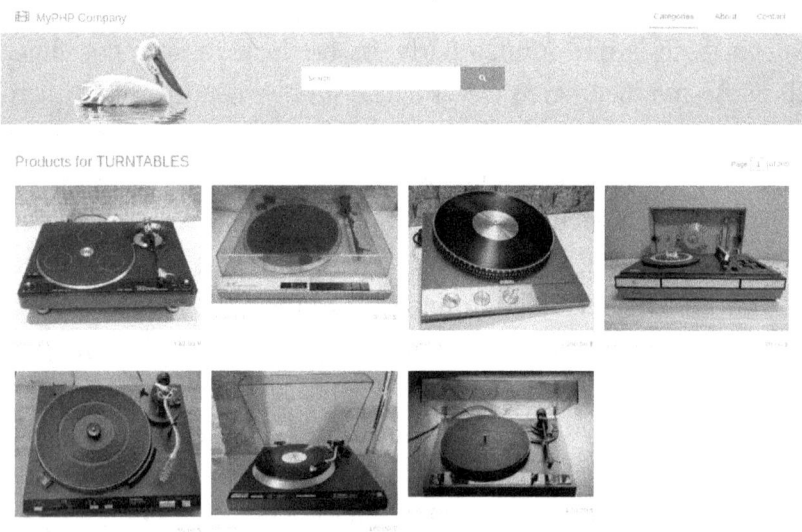

Products.php, página que muestra productos de la categoría "Tocadiscos".

Al posicionar un producto, aparece su nombre y el enlace a la página de detalles.

La última característica que teníamos con los gráficos antiguos es la página de detalles del producto. También en este caso se trata de adaptar el código html existente, agregando el código php para interactuar con la base de datos.

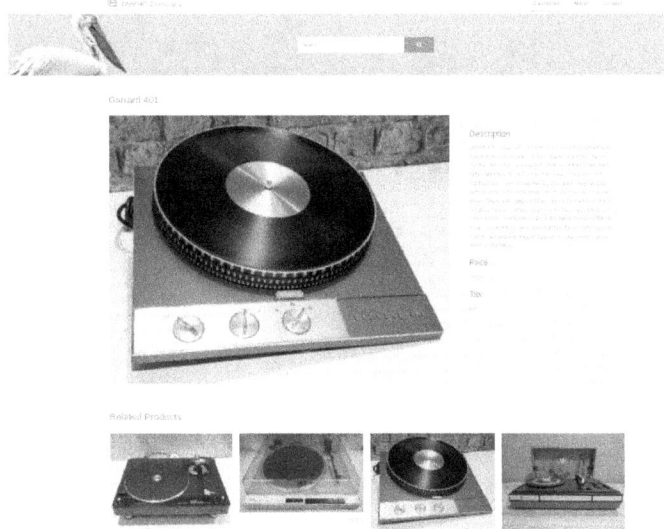

<!-- Curso práctico PHP HTML MySQL -->

Aquí está la nueva página de detalles de un producto. Además de la imagen, que ahora juega un papel central, los otros campos de la base de datos se muestran a la derecha de la misma.

También hemos agregado, manteniendo la configuración de la plantilla elegida, una lista de **productos relacionados**. En nuestro caso, son otros productos de la misma categoría que el producto principal.

Pasemos al código php de esta página, products_det.php.

=== Andrea Mauro Raimondi ===

```php
<?php
include("zz_top.php");

$idprod = $_REQUEST["idprod"];

$sql = "select * from PHP_course_products where idproduct='$idprod' ";
$result = mysqli_query($connection,$sql) or die (mysqli_error());
$ValoriRiga = mysqli_fetch_array($result);
$idproduct = $ValoriRiga["idproduct"];
$idcategory = $ValoriRiga["idcategory"];
$product_name = $ValoriRiga["product_name"];
$description = $ValoriRiga["description"];
$quantity = $ValoriRiga["quantity"];
$price = $ValoriRiga["price"];
$tax = $ValoriRiga["tax"];
$img = $ValoriRiga["img"];

?>
        <div class="container-fluid tm-container-content tm-mt-60">
            <div class="row mb-4">
                <h2 class="col-12 tm-text-primary"><?php print "$product_name";?></h2>
            </div>
            <div class="row tm-mb-90">
                <div class="col-xl-8 col-lg-7 col-md-6 col-sm-12">
                    <img src="../../img/<?php print "$img";?>" alt="Image" class="img-fluid">
                </div>
                <div class="col-xl-4 col-lg-5 col-md-6 col-sm-12">
                    <div class="tm-bg-gray tm-video-details">

                        <div class="mb-4">
                            <h3 class="tm-text-gray-dark mb-3">Description</h3>
                            <p><?php print "$description";?></p>
                        </div>

                        <div class="mb-4">
                            <h3 class="tm-text-gray-dark mb-3">Price</h3>
                            <p><?php print "$price";?></p>
                        </div>

                        <div class="mb-4">
                            <h3 class="tm-text-gray-dark mb-3">Tax</h3>
                            <p><?php print "$tax%";?></p>
                        </div>

                    </div>
                </div>
            </div>
            <div class="row mb-4">
                <h2 class="col-12 tm-text-primary">
                    Related Products
                </h2>
            </div>
            <div class="row mb-3 tm-gallery">
<?php
$sql = "select * from PHP_course_products where idcategory='$idcategory' order by product_name";
$result = mysqli_query($connection,$sql) or die (mysqli_error());
$tot = mysqli_num_rows($result);
while ($ValoriRiga = mysqli_fetch_array($result)) {
    $idproduct = $ValoriRiga["idproduct"];
    $idcategory = $ValoriRiga["idcategory"];
    $product_name = $ValoriRiga["product_name"];
    $description = $ValoriRiga["description"];
    $quantity = $ValoriRiga["quantity"];
```

```
$sql = "select * from PHP_course_products where idcategory='$idcategory' order by product_name";
$result = mysqli_query($connection,$sql) or die (mysqli_error());
$tot = mysqli_num_rows($result);
while ($ValoriRiga = mysqli_fetch_array($result)) {
    $idproduct = $ValoriRiga["idproduct"];
    $idcategory = $ValoriRiga["idcategory"];
    $product_name = $ValoriRiga["product_name"];
    $description = $ValoriRiga["description"];
    $quantity = $ValoriRiga["quantity"];
    $price = $ValoriRiga["price"];
    $tax = $ValoriRiga["tax"];
    $img = $ValoriRiga["img"];
?>
    <div class="col-xl-3 col-lg-4 col-md-6 col-sm-6 col-12 mb-5">
        <figure class="effect-ming tm-video-item">
            <img src="../../img/<?php print "$img";?>" alt="Image" class="img-fluid">
            <figcaption class="d-flex align-items-center justify-content-center">
                <h2><?php print "$product_name";?></h2>
                <a href="products_det.php?idprod=<?php print "$idproduct";?>">Details</a>
            </figcaption>
        </figure>
        <div class="d-flex justify-content-between tm-text-gray">
            <span class="tm-text-gray-light">Quantity: <?php print "$quantity";?> </span>
            <span><?php print "$price";?> $</span>
        </div>
    </div>
<?php
}
?>
        </div> <!-- row -->
    </div> <!-- container-fluid, tm-container-content -->
<?php
include("zz_footer.php");
```

Por un lado, la página esencialmente recupera los datos relacionados con el producto solicitado por la *querystring* de la página anterior, en el clic del visitante, líneas 6-48; por otro lado, muestra los productos de la misma categoría que el producto principal, como productos relacionados, líneas 49-87. Al comienzo del archivo, línea 4, se recuperó la variable $idprod de la *querystring*.

Con esto hemos visto cómo reemplazar los gráficos html, actualizándolo, reutilizando el código php usado para una versión anterior de la aplicación, en el lado público del sitio web. En las próximas páginas discutiremos los cambios que han tenido lugar en el área de back office.

ACTUALIZACIÓN DEL ÁREA DE BACK OFFICE

También para el área de back office se trata de buscar una plantilla adecuada para nuestros propósitos.
Entre los muchos disponibles, hemos elegido Admin LTE3:

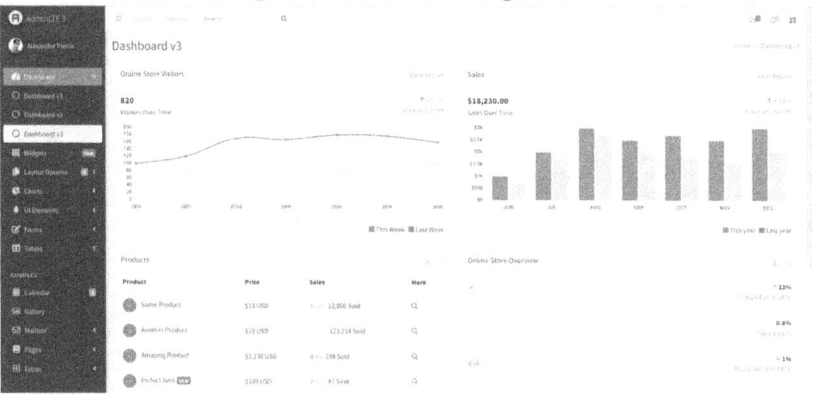

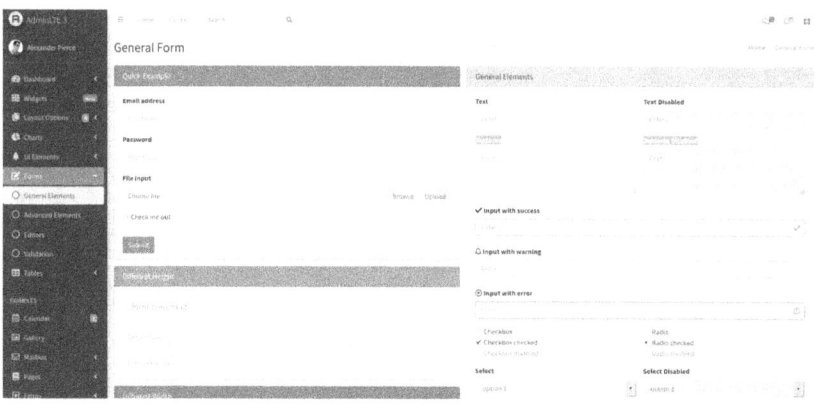

Esta plantilla proporciona muchas páginas html que incluyen clases css y códigos javascript que acercan nuestra aplicación al gusto actual. A continuación comparamos su back office, o mejor dicho, el mismo back office con diferentes gráficos.

<!-- Curso práctico PHP HTML MySQL -->

Antes.

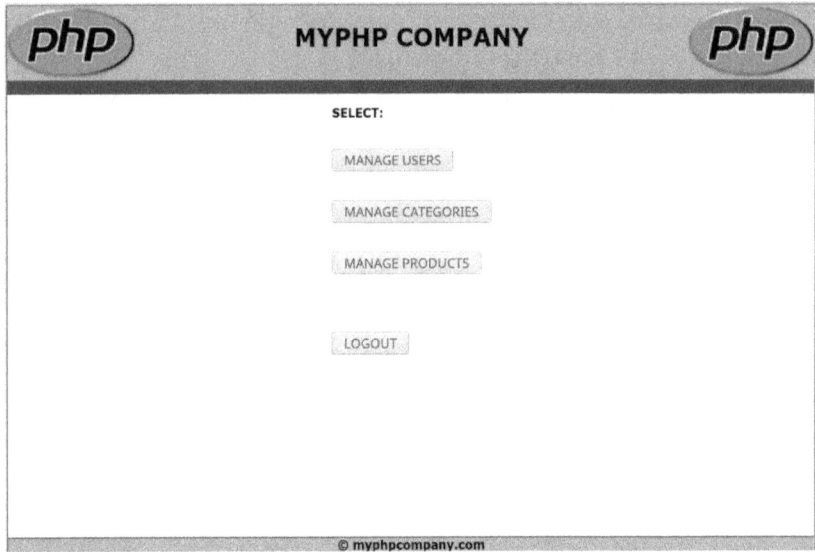

Después

En la nueva interfaz, encontramos un menú a la izquierda con enlaces a las distintas páginas php y un área principal donde se muestran y administran los datos. En general, en cuanto al sitio público, se trata de dinamizar las páginas html insertando el código php. Dado que la parte de la plantilla que cambia de vez en cuando es la parte central, podemos encontrar los bloques de código que se repiten en cada página y crear archivos separados, que se incluirán en las páginas principales. El procedimiento es siempre el mismo: creamos un archivo php para el encabezado, que en este caso contiene la columna izquierda con el menú y un archivo php para el pie de página.

Seguramente el código html de la plantilla es más complejo que el anterior y debes tener cuidado, si eres principiante, donde pones tus manos. En cualquier caso, con calma y entendiendo primero en qué área de la plantilla estás trabajando, incluso un principiante puede usarlos y obtener excelentes resultados.

Podemos empezar a borrar el código html que no nos sirve: como filas repetidas que simulan los datos de una tabla o un conjunto de filas, que serán reemplazadas por los records tomados de nuestra base de datos.

En la plantilla elegida se proponen algunas páginas html que muestran los distintos elementos de un formulario o ejemplos de formato de tabla u otros elementos html que pueden resultar útiles. En este caso, se trata de copiar el código html del elemento e insertarlo en nuestras páginas. A continuación se muestra un ejemplo de esta página de AdminLTE3 que muestra el posible formato de algunos campos de formulario:

```html
<!-- Curso práctico PHP HTML MySQL -->
```

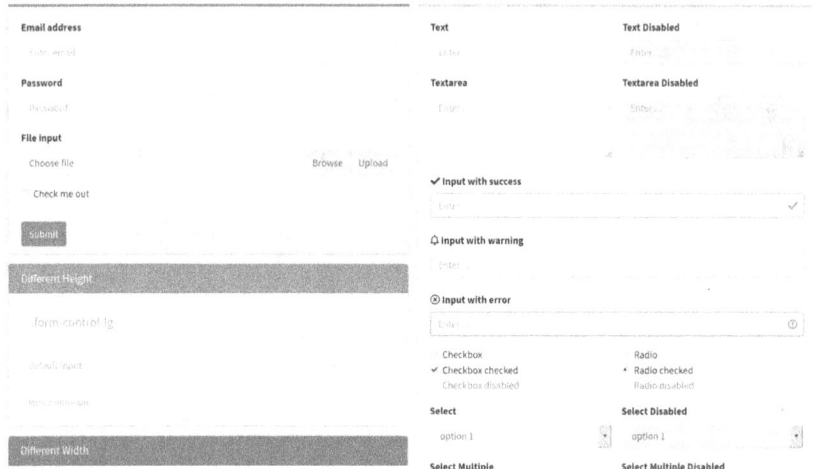

Como dijimos, las plantillas se basan en gran medida en el uso de CSS, como se puede ver en el bloque de código del encabezado:

```html
<!DOCTYPE html>
<html>
<head>
    <meta charset="utf-8">
    <meta http-equiv="X-UA-Compatible" content="IE=edge">
    <title>PHP Course !! Aredit.com</title>
    <!-- Tell the browser to be responsive to screen width -->
    <meta name="viewport" content="width=device-width, initial-scale=1">
    <!-- Font Awesome -->
    <link rel="stylesheet" href="./AdminLTE-3.0.4/plugins/fontawesome-free/css/all.min.css">
    <!-- Ionicons -->
    <link rel="stylesheet" href="https://code.ionicframework.com/ionicons/2.0.1/css/ionicons.min.css">
    <!-- Theme style -->
    <link rel="stylesheet" href="./AdminLTE-3.0.4/dist/css/adminlte.min.css">
    <!-- Google Font: Source Sans Pro -->
    <link href="https://fonts.googleapis.com/css?family=Source+Sans+Pro:300,400,400i,700" rel="stylesheet">

    <link rel="stylesheet" href="./AdminLTE-3.0.4/plugins/jquery-ui/jquery-ui.css">

    <link rel="stylesheet" href="./AdminLTE-3.0.4/plugins/select2/css/select2.min.css">

    <!-- fullCalendar -->
    <link rel="stylesheet" href="./AdminLTE-3.0.4/plugins/fullcalendar/main.min.css">
    <link rel="stylesheet" href="./AdminLTE-3.0.4/plugins/fullcalendar-daygrid/main.min.css">
    <link rel="stylesheet" href="./AdminLTE-3.0.4/plugins/fullcalendar-timegrid/main.min.css">
    <link rel="stylesheet" href="./AdminLTE-3.0.4/plugins/fullcalendar-bootstrap/main.min.css">
    <!-- DataTables -->
    <link rel="stylesheet" href="./AdminLTE-3.0.4/plugins/datatables-bs4/css/dataTables.bootstrap4.min.css">
    <link rel="stylesheet" href="./AdminLTE-3.0.4/plugins/datatables-responsive/css/responsive.bootstrap4.min.css">

    <!-- Bootstrap Color Picker -->
    <link rel="stylesheet" href="./AdminLTE-3.0.4/plugins/bootstrap-colorpicker/css/bootstrap-colorpicker.min.css">
```

El nuevo formulario de *login* en el área de back office:

PHP Course Catalog WebAPP

LOGIN

Email

Password

ENTER

Forgot Password?

```html
<!-- Curso práctico PHP HTML MySQL -->
```

```php
132  ?>
133  <div class="login-box">
134    <div class="login-logo">
135      <a href="login.php"><b>PHP Course<br>Catalog WebAPP</b></a>
136    </div>
137    <!-- /.login-logo -->
138    <div class="card">
139      <div class="card-body login-card-body">
140        <p class="login-box-msg"><?php print "LOGIN";?></p>
141
142        <form action="login.php" method="post">
143          <input type="hidden" name="lang" value="<?php print "";?>">
144          <div class="input-group mb-3">
145            <input type="text" class="form-control" name="userk" placeholder="Email" value="<?php print "$userk";?>">
146            <div class="input-group-append">
147              <div class="input-group-text">
148                <span class="fas fa-envelope"></span>
149              </div>
150            </div>
151          </div>
152          <div class="input-group mb-3">
153            <input type="password" name="passk" class="form-control" placeholder="Password">
154            <div class="input-group-append">
155              <div class="input-group-text">
156                <span class="fas fa-lock"></span>
157              </div>
158            </div>
159          </div>
160          <div class="row">
161            <div class="col-8">
162            </div>
163            <!-- /.col -->
164            <div class="col-4">
165              <button type="submit" class="btn btn-primary btn-block"><?php print "ENTER";?></button>
166            </div>
167            <!-- /.col -->
168          </div>
169        </form>
170
171        <p class="mb-1">
172          <a href="forgot-password.php?lang=<?php print "$lang";?>"><?php print "Forgot Password";?></a>
173        </p>
174        <p class="mb-0">
175          <a href="register.php" class="text-center"><?php print "";?></a>
176        </p>
177      </div>
178      <!-- /.login-card-body -->
179    </div>
180  </div>
```

Este es el código html que lo genera, como puedes ver, las etiquetas <div> </div> combinadas con clases css se usan mucho.

Este es el nuevo mensaje de error: una ventana modal, obtenida con el uso de *JQuery*, líneas 53-57.

```
<!-- Curso práctico PHP HTML MySQL -->
```

```
46  $passk=trim($passk);
47  $sqlb = "SELECT * FROM PHP course users WHERE username='$userk' AND password='$passk' and active='1'";
48  $resultb = mysqli query($connection,$sqlb) or die(mysqli error($connection));
49  $esiste=mysqli_num_rows($resultb);
50  if($esiste<= 0) {
51  ?>
52  <!-- jQuery -->
53  <script src="./AdminLTE-3.0.4/plugins/jquery/jquery.min.js"></script>
54  <!-- Bootstrap 4 -->
55  <script src="./AdminLTE-3.0.4/plugins/bootstrap/js/bootstrap.bundle.min.js"></script>
56  <!-- AdminLTE App -->
57  <script src="./AdminLTE-3.0.4/dist/js/adminlte.min.js"></script>
58      <div class="modal fade" id="modal-danger">
59        <div class="modal-dialog">
60          <div class="modal-content bg-danger">
61            <div class="modal-header">
62              <h4 class="modal-title">Error</h4>
63              <button type="button" class="close" data-dismiss="modal" aria-label="Close">
64                <span aria-hidden="true">&times;</span>
65              </button>
66            </div>
67            <div class="modal-body">
68              <p><?php print "Wrong Username or Password";?>!</p>
69            </div>
70            <div class="modal-footer justify-content-between">
71              <button type="button" class="btn btn-outline-light" data-dismiss="modal">Close</button>
72            </div>
73          </div>
74          <!-- /.modal-content -->
75        </div>
76        <!-- /.modal-dialog -->
77      </div>
78      <!-- /.modal -->
79  <script>
80  $('#modal-danger').modal('show');
81  $('#modal-danger').on('hidden.bs.modal', function (e) {
82    document.location.href="login.php?lang=<?php print "";?>";
83  })
84  </script>
85  <?php
86  exit;
```

El mensaje de error aparece si no se encuentra el registro correspondiente al nombre de usuario y la contraseña ingresados al login.

La lógica de las páginas sigue siendo la misma, el código php sigue siendo esencialmente el mismo que el utilizado anteriormente.

Para aprovechar mejor las posibilidades que ofrecen los nuevos gráficos, después de verificar la exactitud de los datos de login, se dirige al usuario a una nueva página, que llamé *start.php*, línea 113, que representa una especie de *dashboard*. En él destacamos algunos parámetros de la aplicación que tenemos a nuestra disposición: el número de categorías, el número de productos y datos hipotéticos de ventas.

```
$sql2 = "Insert Into PHP_course_logutenti_admin (IDUSER,SESSIONID,STATE,CREATIONDATE,IP,URL) ";
$sql2 = $sql2." values ('$iduser','$mysessionid','1','$oggi','$REMOTE_ADDR','')";
$result2 = mysqli_query($connection,$sql2) or die(mysqli_error($connection));

$sql_up = "update PHP_course_users set naccess=naccess+1 where iduser='$iduser'";
$result_up = mysqli_query($connection,$sql_up) or die(mysqli_error($connection));
?>
<script>
    document.location.href="start.php?mysessionid=<?php print "$mysessionid";?>&idu=<?php print "$iduser";?>";
</script>
<?php
}
```

El "*dashboard*" de la página *start.php*::

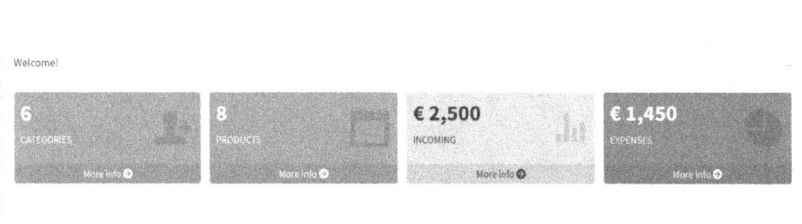

El siguiente código muestra las llamadas a la base de datos que obtienen el total de las categorías y productos, líneas 47-54, estos datos luego se insertan en el código html que ocupa el *dashboard* original de la plantilla, luego de eliminar el código que no estaba necesario.

Dashboard de template

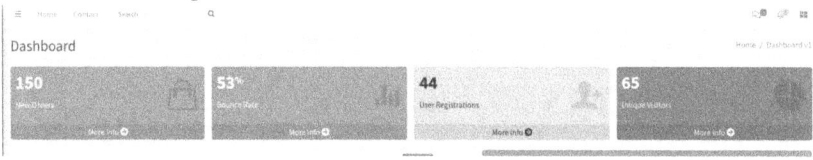

<!-- Curso práctico PHP HTML MySQL -->

```php
<?php
$sql = "select * from PHP_course_categories";
$result = mysqli_query($connection,$sql) or die (mysqli_error($connection));
$total_categories = mysqli_num_rows($result);

$sql = "select * from PHP_course_products";
$result = mysqli_query($connection,$sql) or die (mysqli_error($connection));
$total_products = mysqli_num_rows($result);
?>
            <div class="row">
                <div class="col-lg-3 col-6">
                    <!-- small box -->
                    <div class="small-box bg-info">
                        <div class="inner">
                            <h3> <?php print "$total_categories";?></h3>

                            <p><?php print "CATEGORIES";?></p>
                        </div>
                        <div class="icon">
                            <i class="ion ion-person-add"></i>
                        </div>
                        <a href="categories.php?<?php print "$strquerystr";?>" class="small-box-footer" right"></i></a>
                    </div>
                </div>
                <!-- ./col -->
                <div class="col-lg-3 col-6">
                    <!-- small box -->
                    <div class="small-box bg-success">
                        <div class="inner">
                            <h3> <?php print "$total_products";?></h3>
                            <p><?php print "PRODUCTS";?></p>
                        </div>
                        <div class="icon">
                            <i class="ion ion-calendar"></i>
                        </div>
                        <a href="products.php?<?php print "$strquerystr";?>" class="small-box-footer">M right"></i></a>
```

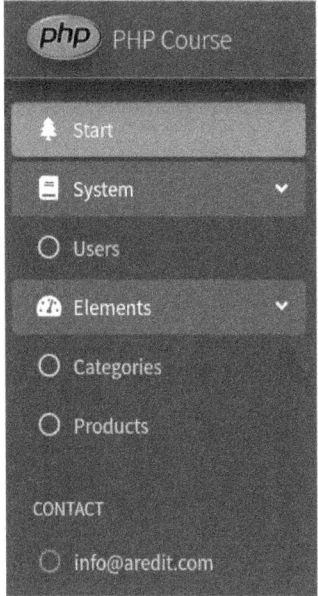

Desde el menú lateral es posible acceder a las distintas páginas de gestión: gestión de usuarios, gestión de categorías y gestión de productos.

Los elementos del menú, gracias a las funciones css y jQuery, se agrupan y se muestran si selecciona el grupo correspondiente, como "System", que contiene la gestión de usuarios o "Elements" que contiene la gestión de categorías y productos.

<!-- Curso práctico PHP HTML MySQL -->

Así es como se ve la nueva página de administración de categorías.

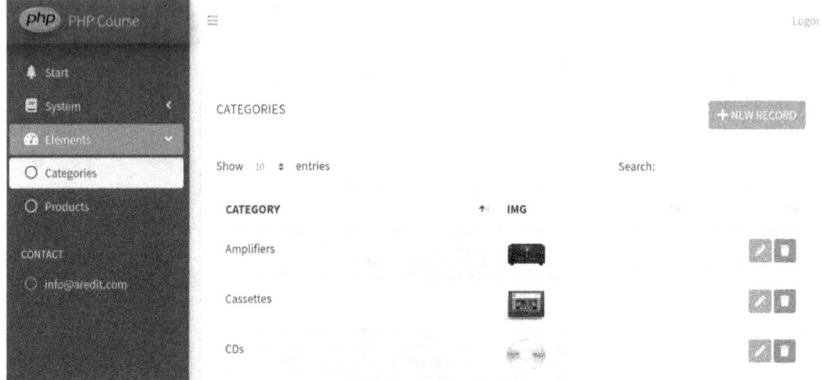

El nuevo formulario de modificación / inserción:

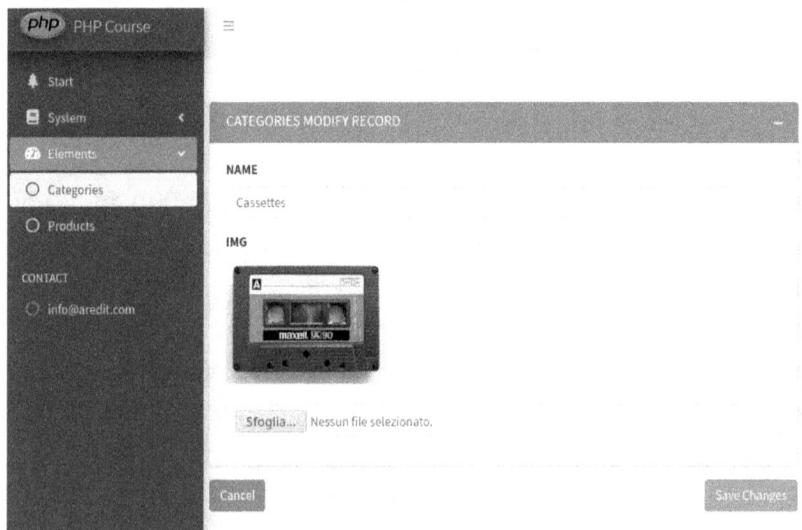

=== Andrea Mauro Raimondi ===

El mensaje de advertencia antes de eliminar un registro

<!-- Curso práctico PHP HTML MySQL -->

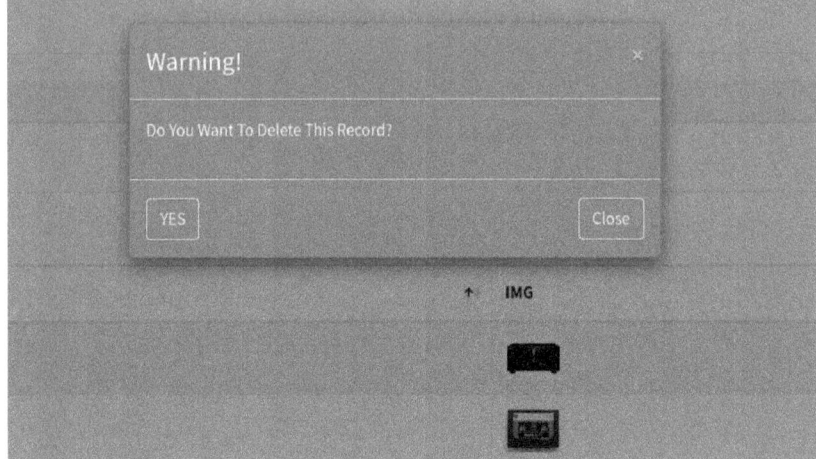

También para esta versión, el comportamiento de la página de ge-

```
12  ▼ if(isset($action)){
13
14  ▼     if ($action == "add") {
15              $msg = "ADD NEW RECORD";
16              $d=date("d/m/Y");
17              $idcategory=0;
18              writeform() ;
19              exit;
20          }
21
22  ▼     if ($action == "mod") {
23              $msg = "MODIFY RECORD";
24              $sqlb = "SELECT * FROM PHP_course_categories WHERE idcategory='$idcategory'";
25              $resultb = mysqli_query($connection,$sqlb) or die(mysqli_error());
26  ▼         while ($ValoriRigab = mysqli_fetch_array($resultb)) {
27                  $idcategory = $ValoriRigab["idcategory"];
28                  $category = $ValoriRigab["category"];
29                  $img = $ValoriRigab["img"];
30              }
31              $action2 = "mod";
32              writeform() ;
33              exit;
34          }
35
36  ▼     if ($action == "delete") {
37              $sql = "DELETE FROM PHP_course_categories WHERE idcategory='$idcategory'";
38              $result = mysqli_query($connection,$sql);
39              if (! $result)
40  ▼         {
41                  echo "<b>ERROR!</b>";
42              }
43              else
44  ▼         {
45                  echo "RECORD DELETED.";
46              ?>
```

stión de categorías varía según el valor de la variable *$action*, como se ve en la línea 14.

Lo mismo ocurre con la página de gestión de productos.

Los nuevos gráficos permiten una buena visualización incluso en dispositivos distintos al PC: a continuación se puede ver la misma tabla en una pantalla pequeña.

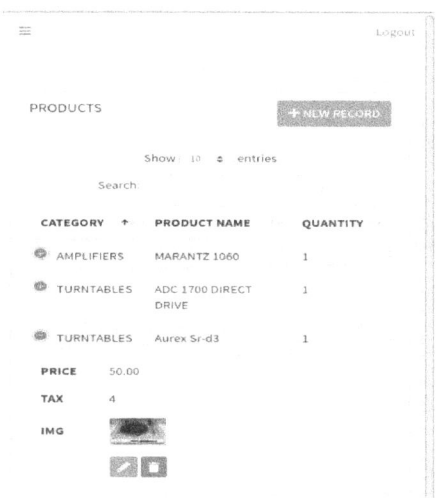

<!-- Curso práctico PHP HTML MySQL -->

El tamaño de la tabla se cambia automáticamente en función del ancho de la pantalla. Esto sucede a través de la configuración de los archivos css utilizados por la plantilla. Además, la tabla utilizada se basa en el código *JQuery* para proporcionar una funcionalidad avanzada no solo para ver sino también para buscar los datos de la misma tabla, como se puede ver en el campo "Search" encima de la tabla. De esta manera podemos evitar escribir mucho código php para lograr el mismo efecto que proporciona el javascript incluido. A continuación se muestra el nuevo formulario para los productos:

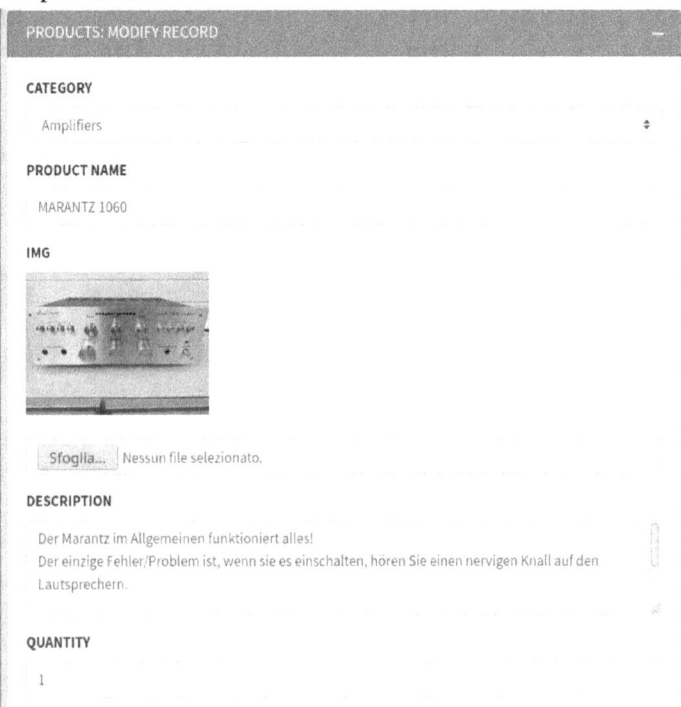

Apéndice 1
PHP TUTORIAL

<!-- Curso práctico PHP HTML MySQL -->

PHP es un lenguaje de programación del lado del servidor y una poderosa herramienta para crear páginas web dinámicas e interactivas.

PHP es el acrónimo recursivo de "PHP: Hypertext Preprocessor".

PHP 7 es la última versión estable.

Se ejecuta un script PHP en el servidor y el resultado HTML se envía al navegador.

Se puede colocar un script PHP en cualquier lugar del documento.

Un script PHP comienza con <?Php y termina con ?>:

<?php
// El código PHP va aquí
?>

La extensión predeterminada para los archivos PHP es ".php".

Un archivo PHP generalmente contiene etiquetas HTML y código de secuencia de comandos PHP.

Las instrucciones de PHP terminan con un punto y coma (;).

En PHP, las palabras clave (por ejemplo, if, else, while, echo, etc.), las clases, funciones y funciones definidas por el usuario no distinguen entre mayúsculas y minúsculas.

Sin embargo; *¡Todos los nombres de variables distinguen entre mayúsculas y minúsculas!*

Comentarios en PHP

Un comentario en el código PHP es una línea que no se ejecuta como parte del programa. Su único propósito es que lo lea alguien que esté mirando el código.
Los comentarios se pueden utilizar para:
Permita que otros entiendan su código.
Recuérdese lo que hizo: la mayoría de los programadores han experimentado volver a sus trabajos uno o dos años más tarde y tener que reconsiderar lo que hicieron. Los comentarios pueden recordarle lo que estaba pensando cuando escribió el código.
PHP admite varias formas de comentar:
Comentario de una sola línea

```
<!DOCTYPE html>
<html>
<body>

<?php
// This is a single-line comment

# This is also a single-line comment
?>

</body>
</html>
```

```
<!-- Curso práctico PHP HTML MySQL -->
```

Comentario de varias líneas:
```
<!DOCTYPE html>
<html>
<body>

<?php
/*
This is a multiple-lines comment block
that spans over multiple
lines
*/
?>

</body>
</html>
```

O para excluir partes del código:
```
<!DOCTYPE html>
<html>
<body>

<?php
// You can also use comments to leave out parts of a code line
$x = 5 /* + 15 */ + 5;
echo $x;
?>

</body>
</html>
```

VARIABLES

Las variables son "contenedores" para almacenar información. En PHP, una variable comienza con un signo $, seguido del nombre de la variable:

```
<?php
$txt = "I'm a string variable!";
$x = 71;
$y = 10.8;
?>
```

Después de la ejecución de las instrucciones anteriores, la variable $txt contendrá el valor "I'm a string variable", La variable $x contendrá el valor 71 y la variable $y contendrá el valor 10.8.

Recuerde: cuando asigne un valor de texto a una variable, coloque entre comillas el valor.

A diferencia de otros lenguajes de programación, PHP no tiene ningún comando para declarar una variable. Se crea cuando le asigna un valor por primera vez.

Una variable puede tener un nombre corto (como "x" y "y") o un nombre más descriptivo (edad, nombre de gato, volumen_total).

Reglas para variables PHP:

Una variable comienza con un signo $, seguido del nombre de la variable.

El nombre de una variable debe comenzar con una letra o un guión bajo.

Un nombre de variable no puede comenzar con un número.

Un nombre de variable solo puede contener caracteres alfanuméricos y guiones bajos (A-z, 0-9 y _).

<!-- Curso práctico PHP HTML MySQL -->

Los nombres de las variables distinguen entre mayúsculas y minúsculas ($ car y $ CAR son dos variables diferentes).

Alcance de la variable PHP

En PHP, las variables se pueden declarar en cualquier parte del script. El alcance de una variable es la parte del script donde se puede hacer referencia / usar la variable.

PHP tiene tres ámbitos variables diferentes:
  Local
  Global
  Estático

Una variable declarada fuera de una función tiene un ALCANCE GLOBAL y solo se puede acceder fuera de una función:

```php
<!DOCTYPE html>
<html>
<body>

<?php
$x = 5; // global scope

function myFunction() {
    // using x inside this function will generate an error
    echo "<p>Variable x inside function is: $x</p>";
}
myFunction();

echo "<p>Variable x outside function is: $x</p>";
?>

</body>
</html>
```

Una variable declarada dentro de una función tiene un ALCANCE LOCAL y solo se puede acceder dentro de esa función:

```php
<?php
function myFunction() {
    $x = 5; // local scope
    echo "<p>Variable x inside function is: $x</p>";
}
myFunction();

// using x outside the function will generate an error
echo "<p>Variable x outside function is: $x</p>";
?>
```

Es posible tener variables locales con el mismo nombre en diferentes funciones, porque las variables locales solo son reconocidas por la función en la que están declaradas.

La palabra clave *global* se utiliza para acceder a una variable global desde dentro de una función.

```php
<?php
$x = 5;
$y = 10;

function myFunction() {
    global $x, $y; //<============|
    $y = $x + $y;
}

myFunction();
echo $y; // outputs 15
?>
```

<!-- Curso práctico PHP HTML MySQL -->

Por lo general, cuando se completa / ejecuta una función, se eliminan todas sus variables. Sin embargo, a veces queremos que NO se elimine una variable local. Lo necesitamos para seguir trabajando. Para hacer esto, usamos la palabra clave ***static*** cuando declaramos la variable por primera vez. De esa manera, cada vez que se llama a la función, esa variable seguirá teniendo la información que contenía desde la última vez que se llamó a la función.

```
<!DOCTYPE html>
<html>
<body>

<?php
function myFunction() {
  static $x = 10;
  echo "variable is $x";
  $x++;
}

myFunction();
echo "<br>";
myFunction();
echo "<br>";
myFunction();
?>

</body>
</html>
```

variable is 10
variable is 11
variable is 12

En PHP, hay dos formas básicas de obtener el *output,* para imprimir la información: *echo* e *print.*
echo e *print* son más o menos lo mismo. Ambos se utilizan para enviar datos a la pantalla.

Las diferencias son mínimas: *echo* no tiene valor de retorno mientras que *print* tiene un valor de retorno de 1, por lo que se puede usar en expresiones. *echo* puede tomar múltiples parámetros (aunque tal uso es raro) mientras que *print* puede tomar un argumento. el eco es un poco más rápido que la impresión.
El texto que se mostrará debe estar entre comillas.

```
<!DOCTYPE html>
<html>
<body>
<?php
$txt1 = "Learn PHP";
$txt2 = "AREdit.com";
$x = 7;
$y = 0;

echo "echo:<br><h2>" . $txt1 . "</h2>";
echo "Study PHP at " . $txt2 . "<br>";
echo $x + $y;
echo "<hr><br>";
print "print:<br><h2>" . $txt1 . "</h2>";
print "Study PHP at " . $txt2 . "<br>";
print $x + $y;
?>

</body>
</html>
```

echo:

Learn PHP

Study PHP at AREdit.com

7

---

print:

Learn PHP

Study PHP at AREdit.com

7

<!-- Curso práctico PHP HTML MySQL -->

Tipos de datos

Las variables pueden almacenar datos de diferentes tipos y los diferentes tipos de datos pueden hacer cosas diferentes.

PHP admite los siguientes tipos de datos:

String

Integer

Float (floating point numbers - también llamados double)

Boolean

Array

Object

NULL

Resource

Una cadena, los datos de tipo *string* son una secuencia de caracteres, como "¡Hola mundo!". Una cadena puede ser cualquier texto entre comillas. Tanto individuales como dobles.

Un tipo de datos **integer** es un número no decimal entre -2.147.483.648 y 2.147.483.647.

Reglas para enteros:

Un número entero debe contener al menos un dígito

Un número entero no debe tener un punto decimal

Un número entero puede ser positivo o negativo

Los números enteros se pueden especificar en: notación decimal (base 10), hexadecimal (base 16), octal (base 8) o binaria (base 2)

Un *float* (número de punto flotante) es un número con un punto decimal o un número exponencial: $ x = 10.08

Un **boolean** representa dos estados posibles: TRUE o FALSE:
$x=true;

Una **array** almacena varios valores en una sola variable, como vimos con las variables que contenían el resultado de una query, un recordset.

Las **clases** y los **objetos** son los dos aspectos principales de la programación orientada a objetos. Una clase es un modelo de objeto y un objeto es una instancia de una clase. Cuando se crean objetos individuales, heredan todas las propiedades y comportamientos de la clase, pero cada objeto tendrá valores diferentes para las propiedades. Un objeto es un conjunto de funciones PHP, en este caso.

Null es un tipo de datos especial que solo puede tener un valor: NULL. Una variable de tipo de datos NULL es una variable que no tiene ningún valor asignado. Si se crea una variable sin un valor, se le asigna automáticamente un valor NULL.

<!-- Curso práctico PHP HTML MySQL -->

Funciones principales para cadenas
Estas son las funciones php más utilizadas para la manipulación de cadenas:
strlen(string): devuelve la longitud de una cadena
str_word_count(string): cuenta las palabras en una cadena
strpos(string, buscar, iniciar): busca texto dentro de una cadena
str_replace (buscar, reemplazar, cadena, contar): reemplazar texto dentro de una cadena
addlashes(string) Devuelve una cadena con barra invertida delante de: apóstrofo ('), comillas dobles ("), barra invertida (\), NULL. Útil para guardar datos en la base de datos.
explode(separador, string, límite) divide una cadena en una matriz basada en un carácter utilizado como separador
htmlentities(string) convierte caracteres en entidades HTML
number_format(número, decimales, punto decimal, separador) formatea un número agrupando los miles
strtolower(string) convierte una cadena a minúsculas
strtoupper(string) convierte una cadena a mayúsculas
substr(string, inicio, longitud) devuelve parte de una cadena
substr_replace(string, reemplazo, inicio, longitud) reemplaza parte de una cadena con otra cadena
trim(string, charlist) elimina los espacios y otros caracteres predeterminados de ambos lados de una cadena

PHP y los números

PHP proporciona conversión automática de tipos de datos. Entonces, si asigna un valor entero a una variable, el tipo de esa variable será automáticamente un número entero. Si luego asigna una cadena a la misma variable, el tipo cambiará a una cadena. A veces, esto puede provocar problemas de gestión de código, especialmente si es necesario realizar cálculos. Para saber con qué tipo de datos está trabajando, las siguientes funciones son útiles:

is_int (var) comprueba si una variable es de tipo integer
is_float (var) comprueba si una variable es de tipo float
is_nan (var) comprueba si una variable no es un número
is_numeric (var) comprueba si una variable es un número

PHP tiene una serie de **funciones matemáticas** que le permiten realizar tareas matemáticas con números. Estos son los más utilizados, según mi experiencia.

min (num, num, num) y *max* (num, num, num) se pueden usar para encontrar el valor más bajo o más alto en una lista o matriz de argumentos
abs (num) devuelve el valor absoluto (positivo) de un número
round (num) redondea un número de punto flotante al entero más cercano
rand (min, max) genera un número aleatorio entre min y max

<!-- Curso práctico PHP HTML MySQL -->

Operadores PHP

Los operadores se utilizan para realizar operaciones sobre variables y valores.

PHP divide a los operadores en los siguientes grupos:
 Operadores aritméticos
 Operadores de Asignación
 Operadores de comparación
 Operadores de incremento / decremento
 Operadores logicos
 Operadores de cadena
 Operadores de matriz
 Operadores de asignación condicional

Los operadores **aritméticos** se utilizan con valores numéricos para realizar operaciones aritméticas comunes, como sumas, restas, multiplicaciones, etc.

Operator	Name	Example	Result
+	Addition	$x + $y	Sum of $x and $y
-	Subtraction	$x - $y	Difference of $x and $y
*	Multiplication	$x * $y	Product of $x and $y
/	Division	$x / $y	Quotient of $x and $y
%	Modulus	$x % $y	Remainder of $x divided by $y
**	Exponentiation	$x ** $y	Result of raising $x to the $y'th power

Los **operadores de asignación** se utilizan con valores numéricos para escribir un valor en una variable.
El operador de asignación básico en PHP es "=". Significa que el operando de la izquierda se establece en el valor de la expresión de asignación de la derecha.

Assignment	Same as…	Description
x = y	x = y	The left operand gets set to the value of the expression on the right
x += y	x = x + y	Addition
x -= y	x = x - y	Subtraction
x *= y	x = x * y	Multiplication
x /= y	x = x / y	Division
x %= y	x = x % y	Modulus

Los **operadores de incremento** se utilizan para incrementar el valor de una variable. Los **operadores de decremento** se utilizan para disminuir el valor de una variable.

Operator	Name	Description
++$x	Pre-increment	Increments $x by one, then returns $x
$x++	Post-increment	Returns $x, then increments $x by one
--$x	Pre-decrement	Decrements $x by one, then returns $x
$x--	Post-decrement	Returns $x, then decrements $x by one

<!-- Curso práctico PHP HTML MySQL -->

Los **operadores de comparación** de PHP se utilizan para comparar dos valores (número o cadena).

Operator	Name	Example	Result
==	Equal	$x == $y	Returns true if $x is equal to $y
===	Identical	$x === $y	Returns true if $x is equal to $y, and they are of the same type
!=	Not equal	$x != $y	Returns true if $x is not equal to $y
<>	Not equal	$x <> $y	Returns true if $x is not equal to $y
!==	Not identical	$x !== $y	Returns true if $x is not equal to $y, or they are not of the same type
>	Greater than	$x > $y	Returns true if $x is greater than $y
<	Less than	$x < $y	Returns true if $x is less than $y
>=	Greater than or equal to	$x >= $y	Returns true if $x is greater than or equal to $y
<=	Less than or equal to	$x <= $y	Returns true if $x is less than or equal to $y
<=>	Spaceship	$x <=> $y	Returns an integer less than, equal to, or greater than zero, depending on if $x is less than, equal to, or greater than $y. Introduced in PHP 7.

Los **operadores lógicos** de PHP se utilizan para combinar declaraciones condicionales.

Operator	Name	Example	Result
and	And	$x and $y	True if both $x and $y are true
or	Or	$x or $y	True if either $x or $y is true
xor	Xor	$x xor $y	True if either $x or $y is true, but not both
&&	And	$x && $y	True if both $x and $y are true
||	Or	$x || $y	True if either $x or $y is true
!	Not	!$x	True if $x is not true

PHP tiene dos operadores diseñados específicamente para **cadenas**

Operator	Name	Example	Result
.	Concatenation	$txt1 . $txt2	Concatenation of $txt1 and $txt2
.=	Concatenation assignment	$txt1 .= $txt2	Appends $txt2 to $txt1

Los **operadores de array** se utilizan para comparar matrices

Operator	Name	Example	Result
+	Union	$x + $y	Union of $x and $y
==	Equality	$x == $y	Returns true if $x and $y have the same key/value pairs
===	Identity	$x === $y	Returns true if $x and $y have the same key/value pairs in the same order and of the same types
!=	Inequality	$x != $y	Returns true if $x is not equal to $y
<>	Inequality	$x <> $y	Returns true if $x is not equal to $y
!==	Non-identity	$x !== $y	Returns true if $x is not identical to $y

<!-- Curso práctico PHP HTML MySQL -->

Los **operadores de asignación condicional** se utilizan para establecer el valor de una variable en función de las condiciones que se van a probar.

Operator	Name	Example	Result
?:	Ternary	$x = expr1 ? expr2 : expr3	Returns the value of $x. The value of $x is *expr2* if *expr1* = TRUE. The value of $x is *expr3* if *expr1* = FALSE
??	Null coalescing	$x = expr1 ?? expr2	Returns the value of $x. The value of $x is *expr1* if *expr1* exists, and is not NULL. If *expr1* does not exist, or is NULL, the value of $x is *expr2*. Introduced in PHP 7

Declaraciones condicionales

Las declaraciones condicionales se utilizan para realizar diferentes acciones en función de diferentes condiciones.

En PHP tenemos las siguientes declaraciones condicionales:
- declaración **if**: ejecuta código si una condición es verdadera
- declaración **if ... else**: ejecuta algún código si una condición es verdadera y otro código si esa condición es falsa
- declaración **if ... elseif ... else** - ejecuta código diferente para más de dos condiciones
- instrucción **switch**: selecciona uno de los muchos bloques de código posibles para ejecutar

Ejemplo de **if ... else**

```
<!DOCTYPE html>
<html>
<body>

<?php
$t = date("H");

if ($t < "20") {
    echo "Have a good day!";
} else {
    echo "Have a good night!";
}
?>

</body>
</html>
```

Have a good day!

<!-- Curso práctico PHP HTML MySQL -->

ejemplo de **if ... elseif ... else**

```
<!DOCTYPE html>
<html>
<body>
<?php
$t = date("H");
echo "<p>The hour (of the server) is " . $t;
echo ", and will give the following message:</p>";

if ($t < "10") {
  echo "Have a good morning!";
} elseif ($t < "20") {
  echo "Have a good day!";
} else {
  echo "Have a good night!";
}
?>
</body>
</html>
```

The hour (of the server) is 10, and will give the following message:
Have a good day!

Ejemplo de uso de **switch**:

```
<!DOCTYPE html>
<html>
<body>
<?php
$favcolor = "blue";
$mytext = "Your favorite color is";
print "$mytext";
switch ($favcolor) {
  case "red":
    echo " red!";
    break;
  case "blue":
    echo " blue!";
    break;
  case "green":
    echo "green!";
    break;
  default:
    echo " neither red, blue, nor green!";
}
?>
```

Your favorite color is blue!

Funciona así: primero tenemos una sola expresión n (la mayoría de las veces una variable), como $favcolor en nuestro ejemplo, que se evalúa una vez. Luego, el valor de la expresión se compara con los valores de cada *case* en la estructura. Si hay una coinci-

dencia, se ejecuta el bloque de código asociado con ese *case*.
Debe insertar la declaración **break** para evitar que el código se ejecute automáticamente en el siguiente caso. Se utiliza la declaración ***default*** si no se encuentra ninguna coincidencia con los otros *case*.

<!-- Curso práctico PHP HTML MySQL -->

Bucles en PHP

Los bucles se utilizan para ejecutar el mismo bloque de código varias veces siempre que se cumpla una determinada condición.

En PHP, tenemos los siguientes tipos de bucles:
    while - itera un bloque de código hasta que la condición especificada es verdadera
    do ... while - itera un bloque de código una vez, luego repite el ciclo hasta que la condición especificada sea verdadera
    for: repite un bloque de código un número específico de veces
    foreach: ejecuta un bloque de código para cada elemento de una matriz

El ciclo **while** ejecuta un bloque de código siempre que la condición especificada sea verdadera.

```
<!DOCTYPE html>
<html>
<body>

<?php
$x = 0;

while($x <= 100) {
  echo "The number is: $x <br>";
  $x+=10;
}
?>

</body>
</html>
```

The number is: 0
The number is: 10
The number is: 20
The number is: 30
The number is: 40
The number is: 50
The number is: 60
The number is: 70
The number is: 80
The number is: 90
The number is: 100

El bucle **do ... while** siempre ejecuta el bloque de código una vez, luego verifica la condición y repite el bucle hasta que la condición especificada sea verdadera.

El siguiente ejemplo primero establece una variable $x en 1 ($x=1). Luego, el ciclo do while escribirá una salida y luego incrementará la variable $x en 1. Luego se verifica la condición (¿es $x menor o igual a 5?) Y el ciclo continuará ejecutándose mientras $x sea menor o igual a 5:

```php
<!DOCTYPE html>
<html>
<body>
<?php
$x = 1;
do {
    echo "The number is: $x <br>";
    $x++;
} while ($x <= 5);
?>
</body>
</html>
```

The number is: 1
The number is: 2
The number is: 3
The number is: 4
The number is: 5

Advertencia: en un bucle *do ... while*, la condición se comprueba DESPUÉS de ejecutar las declaraciones dentro del bucle. Esto significa que el bucle **do ... while** ejecutará sus declaraciones al menos una vez, incluso si la condición es falsa.

<!-- Curso práctico PHP HTML MySQL -->

El bucle **for** se utiliza cuando se sabe de antemano cuántas veces se debe ejecutar el script.

for (init counter; test counter; increment counter) {
  código a ejecutar para cada iteración;
}

Parámetros:
  init counter: inicializa el valor del contador de bucle
  test counter: evaluado para cada iteración del ciclo. Si devuelve TRUE, el bucle continúa. Si devuelve FALSE, el bucle finaliza.
  increment counter: aumenta el valor del contador de bucle

```
<!DOCTYPE html>
<html>
<body>

<?php
for ($x = 0; $x <= 10; $x++) {
  echo "The number is: $x <br>";
}
?>

</body>
</html>
```

The number is: 0
The number is: 1
The number is: 2
The number is: 3
The number is: 4
The number is: 5
The number is: 6
The number is: 7
The number is: 8
The number is: 9
The number is: 10

$x = 0; - Inicialice el contador de bucle ($x) y establezca el valor inicial en 0
$x <= 10; - Continuar el ciclo hasta que $ x sea menor o igual a 10
$x++: aumenta el valor del contador de bucle en 1 para cada iteración

El bucle **foreach** funciona solo en matrices y se usa para iterar cada par clave / valor en una matriz.

foreach ($array as $value) {
   código para ejecutar;
}

```
<!DOCTYPE html>
<html>
<body>

<?php
$cars = array("BMW", "Mercedes", "Fiat", "Ford");

foreach ($cars as $value) {
  echo "$value <br>";
}
?>

</body>
</html>
```

BMW
Mercedes
Fiat
Ford

Para cada iteración del ciclo, el valor del elemento de la matriz actual se asigna a $*value* y el puntero de la matriz se desplaza en uno, hasta que alcanza el último elemento de la matriz.

<!-- Curso práctico PHP HTML MySQL -->

Anteriormente mencionamos la instrucción **break** en bucles *while* que interrumpe la ejecución de un bloque de código. La instrucción continue rompe una iteración (en el ciclo), si ocurre una condición especificada, y continúa con la siguiente iteración en el ciclo. Este ejemplo omite el valor de 5:

```
<!DOCTYPE html>
<html>
<body>

<?php
for ($x = 0; $x < 15; $x++) {
  if ($x == 5) {
    continue;
  }
  echo "The number is: $x <br>";
}
?>

</body>
</html>
```

```
The number is: 0
The number is: 1
The number is: 2
The number is: 3
The number is: 4
The number is: 6
The number is: 7
The number is: 8
The number is: 9
The number is: 10
The number is: 11
The number is: 12
The number is: 13
The number is: 14
```

Funciones en PHP

Además de las funciones PHP integradas, puede crear sus propias funciones. Una función es un bloque de instrucciones que se pueden utilizar repetidamente en un programa. Una función no se ejecutará automáticamente cuando se cargue una página.

Una función se ejecutará mediante una llamada a la función.

Una declaración de función definida por el usuario comienza con la palabra *function*:

function functionName() {
  código para ejecutar;
}

Advertencia: el nombre de una función debe comenzar con una letra o un guión bajo. Los nombres de las funciones NO distinguen entre mayúsculas y minúsculas.

Sugerencia: asigne a la función un nombre que refleje lo que hace la función.

```
<!DOCTYPE html>
<html>
<body>
<?php
function write_txt() {
  echo "Today is a wonderful day!";
}

write_txt();
?>
</body>
</html>
```

Today is a wonderful day!

<!-- Curso práctico PHP HTML MySQL -->

En el ejemplo anterior, creamos una función llamada "write_txt()". La llave de apertura ({) indica el inicio del código de función y la llave de cierre (}) indica el final de la función. La función escribe "*Today is a wonderful day!*". Para llamar a la función, simplemente escriba su nombre seguido de corchetes (): write_txt();

La información se puede pasar a las funciones a través de argumentos. Un argumento es como una variable.
Los argumentos se especifican después del nombre de la función, entre paréntesis. Puede agregar tantos argumentos como desee, separados por una coma.
El siguiente ejemplo tiene una función con dos argumentos ($fname y $year). Cuando se llama a la función familyName(), también pasamos un nombre y un año (por ejemplo, Filippo, 2010), y el nombre y el año se usan dentro de la función, que devuelve diferentes nombres y años, pero un apellido igual:

```php
<!DOCTYPE html>
<html>
<body>

<?php
function familyName($fname, $year) {
  echo "$fname Raimondi. Born in $year
<br>";
}

familyName("Filippo","2010");
familyName("Andrea","1971");
familyName("Massimiliano","2012");
?>
```

Filippo Raimondi. Born in 2010
Andrea Raimondi. Born in 1971
Massimiliano Raimondi. Born in 2012

El siguiente ejemplo muestra cómo utilizar un parámetro predeterminado. Si llamamos a la función setSize() sin argumentos, toma el valor predeterminado como argumento:

```php
<!DOCTYPE html>
<html>
<body>

<?php
function setSize(int $size = 50) {
  echo "The size is : $size cm.<br>";
}

setSize(350);
setSize();
setSize(135);
setSize(80);
?>

</body>
</html>
```

The size is : 350 cm.
The size is : 50 cm.
The size is : 135 cm.
The size is : 80 cm.

Para permitir que una función devuelva un valor, use la declaración *return*:

```php
<!DOCTYPE html>
<html>
<body>
<?php
function sum(int $x, int $y) {
  $z = $x + $y;
  return $z;
}
echo "5 + 10 = " . sum(5,10) . "<br>";
echo "7 + 13 = " . sum(7,13) . "<br>";
echo "2 + 4 = " . sum(2,4);
?>
</body>
</html>
```

5 + 10 = 15
7 + 13 = 20
2 + 4 = 6

<!-- Curso práctico PHP HTML MySQL -->

Array

Una matriz es una variable especial que puede contener más de un valor a la vez. Si tiene una lista de elementos (una lista de nombres de ciudades, por ejemplo), almacenar ciudades en variables individuales podría verse así:

$cities = "Milán";
$cities = "Nueva York";
$cities = "Tokio";

Sin embargo, ¿qué pasa si desea desplazarse por las ciudades y encontrar una específica? ¿Qué pasa si no tenemos 3 ciudades, sino 300?

¡La solución es crear una matriz!

Una matriz puede contener muchos valores bajo un nombre, y se puede acceder a los valores haciendo referencia a un índice numérico:

```
<?php
$cities = array("Milano", "New York", "Tokyo");
echo "I like " . $cities[0] . ", " . $cities[1] . " and " . $cities[2] . ".";
?>
```

La función **array()** se usa para crear una matriz, como se ve en el ejemplo anterior. En PHP, hay tres tipos de matrices:

  Matrices **indexadas**: matrices con un índice numérico

  Matrices **asociativas**: matrices con claves con nombre

  Matrices **multidimensionales**: matrices que contienen una o más matrices

Hay dos formas de crear matrices **indexadas**:

El índice se puede asignar automáticamente (el índice siempre comienza en 0), así:
$ cars = matriz ("Volvo", "BMW", "Toyota");
o el índice se puede asignar manualmente:
$cars [0] = "Volvo";
$cars [1] = "BMW";
$cars [2] = "Toyota";
Para hacer un bucle e imprimir todos los valores de una matriz indexada, generalmente usamos un bucle **for**, como este:

```
<!DOCTYPE html>
<html>
<body>
<?php
$cars = array("Volvo", "BMW", "Toyota");
$arrlength = count($cars);

for($x = 0; $x < $arrlength; $x++) {
  echo $x.")".$cars[$x];
  echo "<hr>";
}
?>
</body>
</html>
```

0)Volvo

1)BMW

2)Toyota

<!-- Curso práctico PHP HTML MySQL -->

Las matrices **asociativas** son matrices que utilizan claves nominales.

Hay dos formas de crear una matriz asociativa:

$birthplace = array ("Massy" => "Milano", "Marta" => "Dever", "Silvia" => "Paris");

o:

$birthplace ["Massy"] = "Milano";
$birthplace ["Marta"] = "Dever";
$birthplace ["Silvia"] = "Paris";

Para hacer un bucle e imprimir todos los valores de una matriz asociativa, puede usar un bucle foreach, como este:

```
<!DOCTYPE html>
<html>
<body>

<?php
$birthplace = array ("Massy" => "Milano",
"Marta" => "Dever", "Silvia" => "Paris");

foreach($birthplace as $x => $x_value) {
  echo "Key=" . $x . ", Value=" . $x_value;
  echo "<br>";
}
?>

</body>
</html>
```

Key=Massy, Value=Milano
Key=Marta, Value=Dever
Key=Silvia, Value=Paris

Los tipos de matriz vistos hasta ahora consisten en una única lista de pares clave / valor. A veces, desea almacenar valores con más de una clave. Para ello, existen array **multidimensionales**.

Una matriz multidimensional es una matriz que contiene una o más matrices. PHP admite matrices multidimensionales con profundidades de dos, tres, cuatro, cinco o más niveles. En cualquier caso, las matrices con una profundidad superior a tres niveles son difíciles de gestionar y se utilizan poco. El tamaño de una matriz indica el número de índices necesarios para seleccionar un elemento. Para una matriz bidimensional, se requieren dos índices para seleccionar un elemento. Para una matriz tridimensional, se requieren tres índices para seleccionar un elemento. Una matriz bidimensional es una matriz de matrices (una matriz tridimensional es una matriz de matrices de matrices).

Veamos un ejemplo de una matriz bidimensional, comenzando por la siguiente tabla:

Name	Weight	Height
Filippo	70	1.80
Andrea	65	1.70
Silvia	45	1.75
Marta	48	1.78

Podemos almacenar los datos de la tabla en una matriz bidimensional, como esta:

```
$names = array (
  array ("Filippo", 70,1.80),
  array ("Andrea", 65,1.70),
  array ("Silvia", 45,1.75),
  array ("Marta", 48,1.78)
);
```

Ahora la matriz bidimensional $ names contiene cuatro matrices y tiene dos índices: fila y columna..

Para acceder a los elementos de la matriz $ names debemos apuntar a los dos índices (fila y columna):

```php
<?php
$names = array (
  array ("Filippo", 70,1.80),
  array ("Andrea", 65,1.70),
  array ("Silvia", 45,1.75),
  array ("Marta", 48,1.78)
);
echo $names[0][0].": Weight: ".$names[0][1].", Height: ".$names[0][2].".<br>";
echo $names[1][0].": Weight: ".$names[1][1].", Height: ".$names[1][2].".<br>";
echo $names[2][0].": Weight: ".$names[2][1].", Height: ".$names[2][2].".<br>";
echo $names[3][0].": Weight: ".$names[3][1].", Height: ".$names[3][2].".<br>";
?>
```

Filippo: Weight: 70, Height: 1.8.
Andrea: Weight: 65, Height: 1.7.
Silvia: Weight: 45, Height: 1.75.
Marta: Weight: 48, Height: 1.78.

Alternativamente, podemos poner un bucle **for** dentro de otro bucle for para obtener los elementos de la matriz $names:

```php
<?php
$names = array (
  array ("Filippo", 70,1.80),
  array ("Andrea", 65,1.70),
  array ("Silvia", 45,1.75),
  array ("Marta", 48,1.78)
);

for ($row = 0; $row < 4; $row++) {
  echo "<p><b>Row number $row</b></p>";
  echo "<ul>";
  for ($col = 0; $col < 3; $col++) {
    echo "<li>".$names[$row][$col]."</li>";
  }
  echo "</ul>";
}
?>
```

Row number 0

- Filippo
- 70
- 1.8

Row number 1

- Andrea
- 65
- 1.7

Row number 2

- Silvia
- 45
- 1.75

Los elementos de una matriz se pueden ordenar alfabéticamente o numéricamente, de forma descendente o ascendente.

Las principales funciones de clasificación en PHP son las siguientes:

sort(): ordena las matrices en orden ascendente
rsort(): ordena las matrices en orden descendente
asort(): ordena las matrices asociativas en orden ascendente, según el valor
ksort(): ordena las matrices asociativas en orden ascendente, según la clave
arsort(): ordena las matrices asociativas en orden descendente, según el valor
krsort(): ordena las matrices asociativas en orden descendente, según la clave

`<!-- Curso práctico PHP HTML MySQL -->`

Variables globales de PHP - Superglobals

Algunas variables predefinidas en PHP son "*superglobal*", lo que significa que siempre son accesibles, independientemente del alcance, y podemos acceder a ellas desde cualquier función, clase o archivo sin tener que establecer ningún parámetro especial.

Las variables PHP *superglobal* son:
- $GLOBALS
- $_SERVER
- $_REQUEST
- $_POST
- $_GET
- $_FILES
- $_ENV
- $_COOKIE
- $_SESSION

Veamos algunos de los más utilizados.

$_SERVER['PHP_SELF'] Devuelve el nombre de archivo del script que se está ejecutando actualmente

$_SERVER['SERVER_ADDR'] Devuelve la dirección IP del servidor host

$_SERVER['SERVER_NAME'] Devuelve el nombre del servidor host (como www.aredit.com)

$_SERVER['SERVER_SOFTWARE'] Devuelve la cadena de identificación del servidor (como Apache / 2.2.24)

$_SERVER['SERVER_PROTOCOL'] Devuelve el nombre y la revisión del protocolo de información (como HTTP / 1.1)

$_SERVER['REQUEST_METHOD'] Devuelve el método de solicitud utilizado para acceder a la página (como POST)
$_SERVER['QUERY_STRING'] Devuelve la cadena de consulta si se accede a la página a través de una cadena de consulta
$_SERVER['HTTP_ACCEPT'] Devuelve el encabezado Aceptar de la solicitud actual
$_SERVER['HTTP_ACCEPT_CHARSET'] Devuelve el encabezado Accept_Charset de la solicitud actual (como utf-8, ISO-8859-1)
$_SERVER['HTTP_HOST'] Devuelve el encabezado del host de la solicitud actual
$_SERVER['HTTP_REFERER'] Devuelve la URL completa de la página actual (no es confiable porque no todos los agentes de usuario la admiten)
$_SERVER['REMOTE_ADDR'] Devuelve la dirección IP desde la que el usuario está viendo la página actual
$_SERVER['REMOTE_HOST'] Devuelve el nombre del host desde el cual el usuario está viendo la página actual
$_SERVER['REMOTE_PORT'] Devuelve el puerto utilizado en la máquina del usuario para comunicarse con el servidor web
$_SERVER['SCRIPT_FILENAME'] Devuelve la ruta absoluta del script que se está ejecutando actualmente
$_SERVER["SCRIPT_NAME"] Devuelve la ruta de la secuencia de comandos actual
$_SERVER['SCRIPT_URI'] Devuelve el URI de la página actual

```php
<!-- Curso práctico PHP HTML MySQL -->

<form method="post" action="<?php echo
$_SERVER['PHP_SELF'];?>">
  Name: <input type="text" name="fname">
  <input type="submit">
</form>

<?php
if ($_SERVER["REQUEST_METHOD"] == "POST") {
    // collect value of input field
    $name = htmlspecialchars($_REQUEST['fname']);
    if (empty($name)) {
        echo "Name is empty";
    } else {
        echo $name;
    }
}
?>
```

PHP $_REQUEST es una variable superglobal que se usa para recolectar datos luego de enviar un formulario HTML, como hemos visto en las páginas PHP de la aplicación usada en este libro. Con $_POST y $_GET recolectas la información enviada respectivamente a través del *mehtod* POST o GET (querystring).

VARIAS FUNCIONES

Con PHP tenemos muchas funciones disponibles para administrar fechas, archivos, cookies, sesiones y otros aspectos de la programación del lado del servidor. Consulte la documentación oficial para tener una idea de la extensión de estas funciones. En este apartado presento algunos de ellos, entre los más utilizados y útiles en mi opinión:

DATE

date("Y-m-d h:i:sa", $d) nos permite formatear una fecha según nuestras necesidades.
Y representa el año en cuatro dígitos
m representa el mes en dos dígitos
d representa el día en dos dígitos
h representa la hora en formato de 12 horas (utilice H durante 24 horas)
i representa los minutos
a representa AM o PM

```
<!DOCTYPE html>
<html>
<body>
<?php
echo "1) Today is ".date("Y/m/d")."<br>";
echo "2) Today is ".date("Y.m.d")."<br>";
echo "3) Today is ".date("Y-m-d")."<br>";
echo "4) Today is ".date("l");
?>
</body>
</html>
```

1) Today is 2021/02/26
2) Today is 2021.02.26
3) Today is 2021-02-26
4) Today is Friday

<!-- Curso práctico PHP HTML MySQL -->

ADMINISTRAR ARCHIVOS

fopen() abre un archivo, para leer o escribir
fread() lee el contenido del archivo
fclose() cierra el archivo abierto con fopen ()
fgets() lee una línea a la vez, útil al leer archivos csv
fwrite() escribe en un archivo abierto por fopen para escribir
file_exists() comprueba si existe un archivo

```php
<!DOCTYPE html>
<html>
<body>

<?php
$myfile = fopen("listofcars.txt", "r") or die("Unable to open file!");
// Output one line until end-of-file
while(!feof($myfile)) {
    echo fgets($myfile) . "<br>";
}
fclose($myfile);
?>

</body>
</html>
```

Muestra el contenido del archivo "listofcars.txt", línea por línea:

Mercedes-Benz - $65.04 Billion.
Toyota - $58.07 Billion.
Volkswagen - $44.89 Billion.
BMW - $40,48 Billion.
Porsche - $33.91 Billion.
Honda - $33.10 Billion.
Ford - $18.51 Billion.
Nissan - $17.92 Billion.

SQL
Comandos principales

El comando **SELECT** le permite buscar en los registros de una o más tablas.

Un ejemplo de búsqueda en algunos campos de una tabla:
SELECT campo1, campo2 AS alias de campo, campo3 * 12 AS total de campo
FROM Table
WHERE NomeCampo = 'textResearch'

Si desea mostrar todos los campos de una tabla, use el comando * (asterisco):
SELECT * FROM Tabla WHERE campo = 'xyz'

El comando **AS** crea un alias de la columna, luego se muestra el nombre dado al alias, es decir, lo que está escrito después del comando AS.

El comando **DISTINCT** colocado entre Seleccionar y el nombre de la columna elimina todas las filas dobles de la columna:
SELECT DISTICT nombre de campo FROM la tabla WHERE campo = '2021'

El comando **FROM** indica la tabla o tablas en las que debe operar el comando SELECT

El comando **WHERE** define la condición bajo la cual se filtran las columnas
WHERE nombre = 'Filip'

GROUP BY
Agrupa las filas con el mismo valor indicado en la cláusula.
SELECT Departamento, SUM(Salario)
FROM Empleados
GROUP BY Departamento;

HAVING
Cree condiciones para grupos creados con GROUP BY, similar al comando WHERE:
SELECT Departamento, SUMA (Salario)
FROM Empleados
GROUP BY Departamento
HAVING SUM (salario)> 1000

ORDER BY
Ordene los registros de la columna indicada, si desea un orden descendente, use el comando DESC después del nombre de la columna; el orden predeterminado es ASC (orden ascendente):
ORDER BY salario DESC, Apellido;

Condiciones de búsqueda

BETWEEN
Selecciona registros con valores entre dos parámetros
WHERE Salario BETWEEN 3000 Y 45000

IN
Verifique los valores de la columna y seleccione los que pertenecen a la lista indicada
WHERE Ciudad IN ('París', 'Nueva York', 'Tokio')

LIKE
Verifique el valor de un campo, puede tener los siguientes controles (_) indica cualquier carácter, mientras que (%) indica cero o más caracteres. Por ejemplo, LIKE 'abd%' o '% abc' o '% abc%' o '_abc'
WHERE Apellido LIKE 'R%'

IS NULL
WHERE EL Apellido IS (NOT) NULL

Funciones de agregación y cálculo

Dentro del comando SELECT puede hacer algunos cálculos de agregación en las columnas.

COUNT: cuenta los registros de la columna seleccionada.
SELECT COUNT (Nombre) FROM Empleados;

SUM: Suma todos los registros de la columna, en este caso aquellos con Nombre mayor que R.
SELECT SUM (Salario) FROM los empleados WHERE Nombre> 'R';

AVG: calcula el promedio.
SELECT AVG (Salario) FROM Empleados, Departamento WHERE Nombre> 'M' AND Departamento = 'código';

MIN y **MAX** calculan los valores mínimo y máximo.
SELECT MIN (Salario) FROM Empleados, Departamento WHERE Nombre> 'M' AND Departamento = 'código';

JOIN

Una cláusula JOIN se utiliza para combinar filas de dos o más tablas, basándose en una *columna relacionada entre sí*.

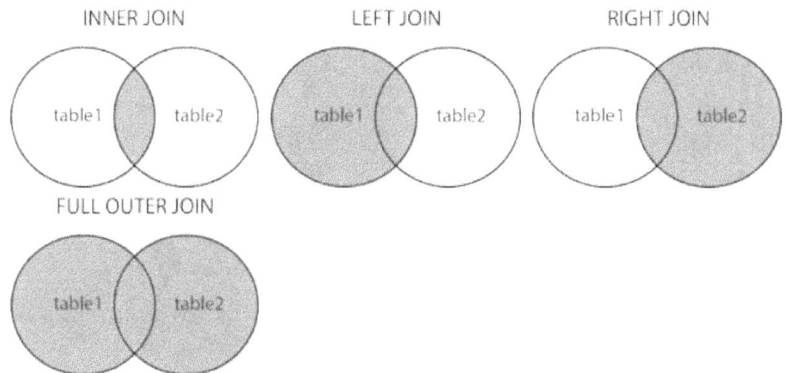

Estos son los diferentes tipos de JOIN en SQL:
(INNER) JOIN: Devuelve registros que tienen valores coincidentes en ambas tablas
SELECT column_name(s) FROM table1
INNER JOIN table2
ON table1.column_name = table2.column_name;
Ejemplo referido a nuestra base de datos
*SELECT * FROM PHP_course_products*
INNER JOIN PHP_course_categories ON PHP_course_products.idcategory = PHP_course_categories.idcategory;
Se muestran todos los productos y datos relacionados con su categoría.

LEFT (OUTER) JOIN: devuelve todos los registros de la tabla de la izquierda y los registros coincidentes de la tabla de la derecha
SELECT column_name(s) FROM table1
LEFT JOIN table2
ON table1.column_name = table2.column_name;
Ejemplo:
*SELECT * FROM PHP_course_products*
LEFT JOIN PHP_course_categories ON PHP_course_products.idcategory = PHP_course_categories.idcategory;
Devuelve todas las filas de la tabla de productos y solo las de la tabla de categorías a las que se hace referencia en la tabla de productos.

RIGHT (OUTER) JOIN: devuelve todos los registros de la tabla de la derecha y los registros coincidentes de la tabla de la izquierda
SELECT column_name(s) FROM table1
RIGHT JOIN table2
ON table1.column_name = table2.column_name;
*SELECT * FROM PHP_course_products*
RIGHT JOIN PHP_course_categories ON PHP_course_products.idcategory = PHP_course_categories.idcategory;
Devuelve todas las filas de la tabla de categorías y solo aquellas filas de la tabla de productos que tienen una coincidencia a través del campo idcategory

FULL (OUTER) JOIN: rdevuelve todos los registros cuando hay una coincidencia en la tabla izquierda o derecha. No es compatible con MySQL.

INSTALAR EL SERVIDOR WEB

Afortunadamente, hoy en día la instalación de todo lo necesario para tener un servidor web está muy simplificada.
Puede usar XAMPP, que de una sola vez le permite instalar el servidor web Apache, la base de datos MySQL en su versión de código abierto llamada MariaDB y PHP. Hay versiones para Windows, Linux y OS X.
Puede encontrarlo para su descarga gratuita en esta dirección
https://www.apachefriends.org/
En el sitio encontrará videos de instalación y manuales sencillos:
para Linux
https://www.apachefriends.org/faq_linux.html
para ventanas
https://www.apachefriends.org/faq_windows.html
para OS X
https://www.apachefriends.org/faq_osx.html

<!-- Curso práctico PHP HTML MySQL -->

Referencias

PHP
https://www.php.net/

MySQL
https://www.mysql.com/

PHPMyAdmin
https://www.phpmyadmin.net/

Apache Mysql (MariaDB) PHP
https://www.apachefriends.org

Template area back office
AdminLTE3: https://adminlte.io/themes/v3/

Template sito web
https://templatemo.com/

Escriba a info@aredit.com para obtener el **código completo** utilizado en el libro.

<!-- Curso práctico PHP HTML MySQL -->

Otros recursos útiles

Lista de nombres de colores y código hexadecimal
 https://www.w3schools.com/colors/colors_hex.asp

Ejemplos de uso de PHP
https://www.w3schools.com/php/

Manipular imágenes
GIMP
https://www.gimp.org

=== Andrea Mauro Raimondi ===

Para consultas, cursos, creaciones de aplicaciones web personalizadas, escriba a info@aredit.com o visite https://www.aredit.com

He estado creando para la web durante más de 20 años.

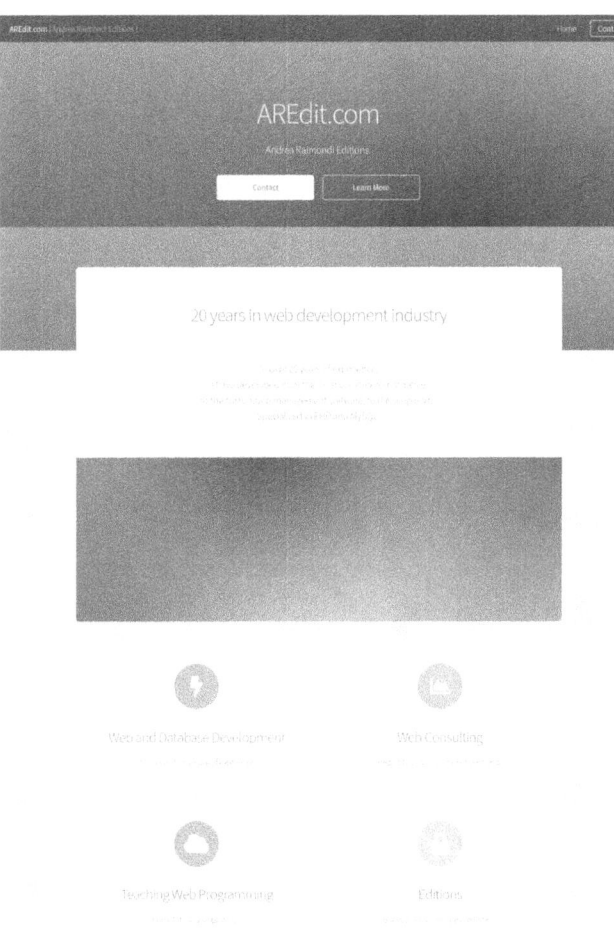

`<!-- Curso práctico PHP HTML MySQL -->`

© 2021 Andrea Mauro Raimondi
https://www.aredit.com
info@aredit.com

www.ingramcontent.com/pod-product-compliance
Lightning Source LLC
Chambersburg PA
CBHW052312220526
45472CB00001B/91